GILBERTO BORZINI

COME GESTIRE UN TEAM DIGITALE

Metodologie di Lavoro e Strumenti Organizzativi per Lavorare a Distanza in Maniera Efficace

Titolo

"COME GESTIRE UN TEAM DIGITALE"

Autore

Gilberto Borzini

Editore

Bruno Editore

Sito internet

http://www.brunoeditore.it

Sommario

Introduzione

Il cambiamento è l'unica certezza nelle cose umane, nella vita così come nelle attività, nelle imprese e nel lavoro. Il cambiamento è costante, permanente; modifica, a volte anche improvvisamente, modelli e metodi di lavoro, paradigmi che davamo per accertati e immodificabili, modelli relazionali, sistemi di comunicazione.

Più che mai oggi è la tecnologia l'elemento conduttore del cambiamento, un elemento non soggetto a possibili arbitri personali, che non ammette scelte alternative e tanto meno di cui si può fare a meno. Dall'invenzione del telegrafo a oggi, il cambiamento del mondo produttivo e commerciale è stato costantemente improntato alla trasformazione dei processi operativi e produttivi favoriti dalla tecnologia.

Cose che capitano…
Nel 1800 non esisteva la professione di ingegnere aeronautico: in

effetti non esistevano gli aerei. Il primo volo commerciale sull'Atlantico si svolse a metà del XX secolo. Molti studenti, entusiasti delle potenzialità dell'aeronautica, si iscrissero a ingegneria aeronautica. Diversamente dalle attese il grande sviluppo ingegneristico coinvolse la nautica e non l'aeronautica.

Dopo l'invenzione dei caratteri a stampa continua di Gutenberg le professioni erano scrittore, linotipista, correttore di bozze, fotocompositore, grafico, addetto alla pressa, inchiostratore. Da quando ci sono Mr. Windows e Mrs. Apple quante professioni sono scomparse? E quante nuove attività conosciamo? Le recenti applicazioni di VoIP di cui Skype è l'applicativo più noto e diffuso, insieme con l'utilizzo trasversale e planetario di Internet, hanno determinato il più radicale mutamento nel sistema organizzativo d'impresa che si potesse immaginare.

L'intelligenza estesa e la competenza estesa, quelle dinamiche che attribuiscono capacità e opportunità integrative all'individuo che sa utilizzare gli strumenti opportuni, si sono moltiplicate, e su questo argomento avremo modo di soffermarci durante il corso. In questo momento è sufficiente ricordare che "carta e penna", strumenti che servono ad esempio a fare moltiplicazioni e divisioni difficilmente eseguibili a mente, sono di per sé elementi componenti l'intelligenza estesa. Se lo sono carta e penna figuriamoci quali competenze estese rappresentano la rete, Wikipedia o le competenze aggregate in un team operativo, funzionale e bene organizzato.

Il timore del cambiamento

Molte persone temono istintivamente che il cambiamento determini una perdita. Quasi tutti temono il cambiamento. Pochi sanno adattarsi al cambiamento. Quei pochi ottengono grandi vantaggi.

Gli italiani sono individualisti, abitudinari, campanilisti. Disabituati a seguire la geografia mutevole del lavoro. Refrattari ai cambiamenti. E per di più non parlano inglese. Con questi punti di partenza è difficile stare al passo con la competizione internazionale. Certo, generalizzare è sbagliato. Ma a pensar male quasi sempre ci si azzecca...

I processi operativi e decisionali sono profondamente cambiati negli ultimi due lustri: Internet consente di mettere davvero "in rete" le intelligenze di collaboratori e consulenti determinando task force e team dalle performance potenzialmente impareggiabili, per di più senza obbligare nessuno a muoversi dal suo posto abituale di lavoro o dal suo studio domestico.

Una rivoluzione di portata planetaria a cui gli italiani individualisti e sospettosi dovranno fare, gioco forza, l'abitudine. Questo corso nasce per questi motivi: un ebook con un *frame* su misura per essere sfogliato comodamente su ogni desktop, per iniziare a valutare quali e quante opportunità consenta la gestione dei collaboratori in modalità "team": sia per essere competitivi, sia per dare sempre nuove motivazioni ai collaboratori.
Buona lettura!

Gilberto Borzini

CAPITOLO 1:
Come affrontare il cambiamento

Sono cambiati i mezzi di produzione e i mezzi di comunicazione; sono cambiate le modalità di relazione sociale. Assistiamo a una rapida perdita del radicamento territoriale delle persone e delle imprese, alla scomparsa delle attività di mediazione e negoziazione sostituite dal commercio elettronico e dai portali specializzati in B2B.

Ogni giorno restiamo sorpresi nel constatare chiusure di esercizi commerciali e negozi, sostituiti dai modelli della grande distribuzione, ma anche delle agenzie assicurative e di viaggio, a loro volta sostituite da sistemi operativi online che consentono poderosi abbattimenti di costo, a volte uniti a clamorosi difetti nel servizio. La delocalizzazione dei servizi e la destrutturazione consentono di offrire importanti servizi di presentazione, comunicazione e vendita, utilizzando piattaforme esistenti e nuovi mercati come Pinterest o Facebook, che sono veri e nuovi luoghi di aggregazione, vere "agorà", veri mercati che esigono competenze specifiche (viral e web marketing) e linguaggi adeguati ai rispettivi mercati. Non importa più, pertanto, disporre del negozio in centro, delle vetrine in una determinata località ma, diversamente, è sempre più importante girare ottimi video, postarli nel giusto mercato rappresentato da un gruppo di interesse comune, magari predisporre propri programmi da diffondere in streaming nella rete, abbattendo verticalmente i costi di posizionamento fisico rispetto al recente passato.

SEGRETO n. 1: non smettere mai di essere curiosi. La curiosità è la molla dell'innovazione.

Il modello di famiglia che si va affermando oggi è molto diverso da quello che abbiamo appreso nell'infanzia. Osserviamo la rapidissima affermazione della competenza femminile, finalmente svincolata dai pregiudizi sessisti millenari, e una profonda trasformazione delle relazioni sociali in cui il tradizionale ruolo maschile è messo in discussione.

Assistiamo a una ricomposizione dei modelli affettivi e delle unioni, in cui famiglie allargate, unioni omosessuali e crollo dei matrimoni religiosi e civili sono elementi di conoscenza comune, con la scomparsa, in ampie zone del pianeta, della tradizionale famiglia patriarcale.

Con lo sviluppo della scienza e della conoscenza, con l'estensione della diffusione dell'informazione, perdono fascino e capacità attrattiva le religioni, precipitano le vocazioni, il mondo si trasforma rapidamente e non ha alcuna importanza se prima fosse migliore o peggiore di adesso. Quello che conta è che è differente e che nel mondo delle imprese, così come in natura, non sono le imprese migliori a sopravvivere, ma quelle più capaci di adattarsi, adeguarsi, anticipare e sfruttare il cambiamento. Per dirla con una bella espressione reperita nel film *Dresda*, «Chi si guarda indietro vede solo la propria ombra». Quindi noi guardiamo avanti.

SEGRETO n. 2: affrontare il cambiamento come una nuova, piacevole sfida. Se non siamo disponibili a cambiare osserveremo il mondo da fuori.

Sette aree critiche

L'attuale scenario d'impresa presenta almeno sette aree di criticità rilevanti.

1. Globalizzazione: non è solamente un modo di esprimersi ma rappresenta l'orientamento delle imprese a posizionarsi su mercati internazionali anche attraverso la delocalizzazione. Operare in nuovi mercati implica conoscere le regole culturali, normative, operative e procedurali sia per produrre, sia per comunicare l'impresa. Attraverso la delocalizzazione produttiva sono state create nuove società dei consumi, composte da sempre più agiate classi medie in quelli che fino a pochi anni fa erano definiti paesi in via di sviluppo. Contestualmente al boom economico di Oriente e America Latina, l'Occidente e in particolare quelle società in cui la maggioranza della popolazione è anziana, ha avviato un rapido declino.

2. Atipicità del lavoro: la scomparsa del rapporto a tempo indeterminato lascia il posto a lavori saltuari che riducono fortemente sia la fedeltà all'impresa sia, il che è peggio, la competenza della forza lavoro. Questo fenomeno mina il senso di fedeltà aziendale, il senso di appartenenza all'impresa, le possibilità di motivare i collaboratori e, parallelamente, modifica la percezione del brand, della marca e del marchio riposizionando la notorietà e la riconoscibilità aziendale interamente nei processi di comunicazione e nel "mi piace" espressi a qualsiasi titolo dai consumatori attivi o potenziali. L'innovazione organizzativa passa da nuovi processi di *business intelligence* applicati alla determinazione di output coerenti con gli input espressi dalla domanda comunque intesa. Infine, ma non per ultimo, l'atipicità estesa del lavoro si traduce in modelli di finanziamento degli acquisti e li sviluppa, con un sempre crescente utilizzo di strumenti di pagamento diversi dal cartaceo (contante o assegno).

3. Diversificazione culturale: i figli della baby-boom generation vivranno più a lungo dei loro padri e lavoreranno più a lungo, inseguiti dalle nuove generazioni che cercano di entrare nel mondo del lavoro con elevate competenze info-telematiche sconosciute ai loro padri. Il conflitto generazionale in corso è simile a quello che si svolse nel Giappone degli anni '70, quando le generazioni più giovani iniziarono a scrivere orizzontalmente, come gli occidentali, e non in verticale come i loro antenati.

Siamo di fronte a una diversificazione che ha alla base competenze tecnologiche che mettono in discussione le competenze culturali preesistenti. Altro elemento caratteristico della diversificazione culturale è il superamento della società chiusa e culturalmente determinata a favore di una società multiculturale e multilingue, che può trovare spazi di affermazione solamente attraverso l'interazione tra le culture, acquisendo e appropriandosi di quanto di buono – o di meglio – ogni cultura apporta alla società nel suo complesso.

SEGRETO n. 3: operare periodicamente un'accurata analisi SWOT per definire la competitività dell'impresa. La dinamicità dell'economia modifica costantemente i valori.

4. Integrazioni e acquisizioni d'impresa: il fenomeno riguarda tutti i settori e non è temporaneo. Al contrario, si tratta di un fenomeno determinato dalla complessità dei mercati e dalla necessità di fare fronte a sempre più rapidi cicli di vita del prodotto e dei mercati, che si traduce nell'incorporazione di marchi e risorse, di competenze e know-how diversi tra loro che vanno, conseguentemente, integrati. Il fenomeno, massiccio e in piena evoluzione, implica la necessità di integrare competenze e modalità operative di tutti i collaboratori e di tutte le risorse umane, definendo modelli operativi formalizzati e proceduralizzati, con rigidi sistemi autorizzativi per i collaboratori meno qualificati e, al contrario, consistenti capacità di partecipazione a gruppi di lavoro diversi e fortemente orientati al risultato da parte del *middle management*.

5. Banalizzazione del prodotto e del marchio: ogni impresa tenta disperatamente di differenziarsi rispetto alla concorrenza. I costi per l'affermazione del brand attraverso i tradizionali strumenti di comunicazione, pubblicità e promozione sono generalmente inaccessibili. L'erosione del valore del marchio, i crescenti costi di innovazione e i sempre più ristretti tempi per raggiungere il break-even point trasformano ogni bene in una *commodity*, modificando radicalmente i processi produttivi, di comunicazione e di distribuzione.

SEGRETO n. 4: prendere in considerazione la possibilità di modificare i processi autorizzativi e i flussi informativi interni.

6. Personalizzazione del rapporto col mercato: quando il consumatore veste come gli altri, vede gli stessi programmi, si comporta allo stesso modo, l'esigenza di personalizzare il proprio Io, almeno quello apparente, diviene fondamentale. I fenomeni emergenti di iPod, blog e podcast sono figli della personalizzazione attraverso mezzi di comunicazione di massa. Questi processi determinano il crollo del mercato pubblicitario tradizionale e generalista: carta stampata, affissioni, televisione commerciale risultano essere mezzi adeguati prevalentemente – se non esclusivamente – per categorie di utenza (target) scarsamente competenti in tecnologia (anziani e lattanti, per essere precisi) e di conseguenza assai poco appetibili per i produttori che anelano ad affermarsi nei mercati dei *big spenders*, giovani e classi medie dei paesi emergenti. Ne consegue che i produttori tendono a investire in modalità di comunicazione e intercettazione del mercato sempre più mirato e personalizzato, sempre meno generalista, con segmentazioni estremamente complesse, favorite dai modelli di analisi e di statistica comportamentale dei grandi sistemi telematici.

7. Compressione dei tempi: il tempo è diventato sempre più ristretto: tempi di progettazione, tempi di aggressione del mercato, tempi di reazione alle esigenze del mercato, tempi di organizzazione dei processi interni: tutti questi tempi sono sempre più compressi e richiedono la capacità di erogare al mercato attivo o potenziale immediate soluzioni e non semplici proposte. L'interazione e l'integrazione delle competenze tra i diversi reparti coinvolti (progettazione, produzione, finanza, marketing) implica un modello operativo e funzionale totalmente ridefinito dal team management e all'interno di esso.

SEGRETO n. 5: per dirla con Steve Jobs: «Siate affamati!» La competitività di impresa si realizza giorno per giorno, obiettivo per obiettivo.

RIEPILOGO DEL CAPITOLO 1:

- SEGRETO n. 1: Non smettere mai di essere curiosi. La curiosità è la molla dell'innovazione.

- SEGRETO n. 2: Affrontare il cambiamento come una nuova, piacevole sfida. Se non siamo disponibili a cambiare osserveremo il mondo da fuori.

- SEGRETO n. 3: Operare periodicamente un'accurata analisi SWOT per definire la competitività dell'impresa. La dinamicità dell'economia modifica costantemente i valori.

- SEGRETO n. 4: Prendere in considerazione la possibilità di modificare i processi autorizzativi e i flussi informativi interni.

- SEGRETO n. 5: Per dirla con Steve Jobs: «Siate affamati!» La competitività di impresa si realizza giorno per giorno, obiettivo per obiettivo.

CAPITOLO 2:
Come cambia l'organizzazione

Molti temono che il cambiamento determini una perdita.
Dobbiamo imparare a ottenere dei vantaggi dal cambiamento.

Nel precedente capitolo abbiamo analizzato alcune delle aree critiche che contribuiscono a modificare il sistema organizzativo d'impresa. Se nel passato era forse sufficiente disporre di un'efficace attività produttiva unitamente a un'efficiente rete distributiva, oggi i termini del fare impresa sono radicalmente mutati. Alla qualità del prodotto si è andata via via sostituendo l'efficacia di utilizzo del prodotto – anche in modalità temporanea – da parte del cliente. Al classico posizionamento si è sostituita la conoscenza e la *awareness* dei mercati target online.

Alla distribuzione di un prodotto adeguato a un mercato si è sostituita la creazione di un nuovo mercato in funzione di un nuovo servizio. Le competenze necessarie per affrontare uno scenario del genere sono molteplici e impressionanti, e si arriva al paradosso di ricerche di collaboratori "apprendisti con esperienza". Gli *skill* necessari sono tali da non poter essere presenti in una sola persona. Le competenze vanno ricercate in ambiti diversi, in persone diverse, in professionalità differenti. Persone con competenze e professionalità diverse, capaci però, e questa è un'ulteriore componente caratteristica, di mettere le proprie competenze al servizio del gruppo, al servizio dell'obiettivo comune.

SEGRETO n. 6: definire esattamente il contesto operativo in cui opera l'impresa per non perdere di vista i necessari adeguamenti organizzativi.

Il team work è la capacità di lavorare insieme per realizzare una visione condivisa, la capacità di indirizzare i contributi individuali verso gli obiettivi dell'organizzazione, il carburante che permette a persone comuni di conseguire risultati straordinari.

Va da sé che le competenze dei collaboratori non possono essere disgiunte e separate da un differente modello organizzativo d'impresa, un modello che abbiamo chiamato "gerarchia degli insiemi" (cfr. Gilberto Borzini, *Marketing, Turismo, Ambiente*, Giappichelli Editore, 1999).

A volte infatti capita di incontrare imprese che si rappresentano come segue:

- abbiamo un gruppo di persone di talento e di comprovata esperienza;

- abbiamo liquidità sufficiente per ricerca e sviluppo;

- abbiamo migliori tecnologie rispetto alla concorrenza;

- malgrado ciò restiamo indietro rispetto alla concorrenza in termini di vendita e di quote di mercato. Perché?

La risposta è: perché i membri del gruppo non funzionano come squadra, anzi, possono essere definiti disfunzionali.

SEGRETO n. 7: valutare serenamente le possibilità competitive e le competenze necessarie per definire la propria capacità competitiva.

Come abbiamo più volte accennato, le imprese si trovano ad operare in un ambiente in forte trasformazione dove concentrare il potere decisionale nelle mani di poche persone non consente di conseguire i risultati attesi. La centralizzazione del potere determina infatti il rallentamento dei processi e dei flussi informativi, impedendo di assumere decisioni rapide, incisive e soddisfacenti. Le aziende che mantengono la centralizzazione hanno scarse speranze di successo e creano nei dipendenti la sensazione di essere sottovalutati, con conseguente demotivazione.

Siamo passati in pochi anni dalla suddivisione fordista del lavoro, in cui ogni persona si occupava di una parte specifica della produzione senza intervenire sul sistema complessivo, a un modello organizzativo che prevede la produzione di output al livello più basso della piramide organizzativa, con il minor costo possibile. Un sistema, una gerarchia degli insiemi, un modello organizzativo dinamico, fluido e per così dire quantistico. L'impresa è sempre meno produttrice di beni e sempre più produttrice di conoscenza e competenze. Nella società della conoscenza saper mettere in rete le competenze individuali e gestirle correttamente rappresenta il vero vantaggio competitivo d'impresa.

Il modello di Taylor

Il modello lavorativo di Frederick Taylor, o modello fordista, consisteva in quattro punti base:

- scomposizione del ciclo lavorativo in unità semplici e organizzazione razionale secondo una sequenza definita per ciascuna unità;

- assegnazione di ciascun compito alla persona con adeguate attitudini fisiche e intellettuali;

- addestramento del lavoratore allo svolgimento della propria unità di lavoro;

- retribuzione definita sulla base della quantità di lavoro prodotta nell'unità di tempo determinata e in rapporto alle capacità individuali.

Conseguentemente:

- attraverso la divisione del lavoro si vennero a formare dei settori differenti di produzione a seconda dell'attività svolta, disposti secondo una struttura gerarchica del potere, tipicamente verticale;

- l'azienda assunse la forma di un coordinamento razionale delle attività di un certo numero di persone, al fine di raggiungere un obiettivo specifico mediante la divisione del lavoro e delle funzioni, ovvero mediante una gerarchia di autorità e di responsabilità.

Se da un lato il modello Taylor ebbe il pregio di creare una struttura organizzativa definita per funzione delle mansioni, dall'altro produsse una parcellizzazione del lavoro e una perdita del senso complessivo del lavoro. Nel modello fordista dell'organizzazione del lavoro si dava per scontato che le persone lavorassero per il semplice guadagno: il modello di uomo a cui ci si riferiva era pigro, egoista e individualista (*Homo Oeconomicus*).

SEGRETO n. 8: individuare le competenze primarie dei collaboratori attribuendo compiti funzionali con i rispettivi talenti. Si riesce a fare bene solo ciò che si ama fare.

Un modello diverso: Mayo e Maslow

Elton Mayo studiò, tra il 1927 e il 1932, gli effetti dell'inserimento di pause durante il lavoro e le ripercussioni sulla produttività; constatò che la produttività del gruppo non subiva variazioni coerenti con le variazioni delle pause, anzi registrò un incremento della produttività all'aumentare del numero di pause.

In un altro esperimento osservò che il gruppo di operai, pur avendo le risorse per produrre fino a un massimo di settemila pezzi, restava indifferente alle incentivazioni economiche e stabilizzava la produzione in seimila pezzi. Con ulteriori analisi stabilì che ogni gruppo definisce i propri livelli di produttività, a cui i componenti si adeguano per solidarietà.

Per Mayo la motivazione al lavoro non poteva prescindere dalla soddisfazione dei bisogni sociali attraverso i quali si definisce il senso stesso del lavoro, mediato dalle relazioni che si istaurano all'interno del gruppo. Mayo per primo, e successivamente Abraham Maslow, indicano nella "dimensione sociale delle organizzazioni" un elemento che modifica il precedente concetto di Homo Oeconomicus, descrivendo l'uomo come responsabile, attivo, creativo, motivato al raggiungimento degli obiettivi organizzativi anche in funzione della propria autoregolazione. In presenza di condizioni favorevoli le persone ricercano e accettano la responsabilità.

SEGRETO n. 9: attribuire ai collaboratori la capacità decisionale e discrezionale. Solo attribuendo responsabilità otteniamo collaboratori responsabili.

Emerge che l'uomo non è solo portatore di bisogni fisici legati al sostentamento, ma è anche orientato alla ricerca e realizzazione di legami sociali soddisfacenti per cui non bastano premi e punizioni salariali, ma risulta indispensabile considerare anche i bisogni sociali.

Negli anni del dopoguerra, con il diffondersi della tecnologia, si produce un'ulteriore trasformazione dell'organizzazione d'impresa. La dimensione dell'informazione e della conoscenza diviene centrale e ci si allontana dagli aspetti meramente produttivi. Gradualmente e costantemente le organizzazioni divengono luoghi di produzione e di elaborazione delle informazioni, si parla di imprese ad alta densità cognitiva dove le competenze e le conoscenze sono sempre più specializzate.

Le imprese divengono produttrici di conoscenza e tale produzione trova il fulcro nella condivisione delle informazioni. Il cambiamento "culturale" determina a sua volta un mutamento strutturale e organizzativo. Le organizzazioni mutano la propria fisionomia riducendo fortemente la dimensione verticale della classica struttura gerarchica per lasciare il posto a strutture sempre più orizzontali, fino a giungere alle reti organizzative o alle organizzazioni a matrice.

Il gruppo di lavoro acquista una posizione centrale, con una funzione che va al di là della soddisfazione dei bisogni sociali indicata da Mayo, divenendo il motore produttivo delle organizzazioni che agiscono in un ambiente complesso che richiede flessibilità e adeguamento al cambiamento.

Il nuovo modello dispone di due grandi vantaggi:
- il concetto di "lavoro di gruppo" non modifica la struttura decisionale dell'impresa: è semplicemente il mettere insieme delle competenze per affrontare un input particolare;
- il concetto di "team working" implica la liberazione delle energie motivazionali dei singoli, la determinazione degli output, il raggiungimento e la condivisione del successo.

Contesto competitivo e modello organizzativo

Viviamo e operiamo in un periodo di profondi cambiamenti e di particolare incertezza: due elementi che ci inducono a considerare il contesto di riferimento come particolarmente instabile. Prima di concentrare l'attenzione su quello che si ritiene possa essere il modello più adeguato a contesti di business a elevata instabilità, è opportuno considerare l'esistenza di tre diversi contesti in cui l'impresa si può trovare ad operare.

Contesto stabile

In un contesto esterno caratterizzato da forte stabilità, il risultato atteso deriverà dalla corretta applicazione di norme tecniche e amministrative. Si tratta, ad esempio, di una situazione caratteristica della pubblica amministrazione.

Pressione della concorrenza

Quando si opera in presenza di forte pressione della domanda in termini quantitativi, con minore enfasi sulla qualità dell'offerta e con presenza di concorrenza, il risultato sarà definibile in termini di macro-obiettivi aggregati e il suo conseguimento legato a sforzi quantitativi indirizzati verso il target.

Contesto instabile

In un contesto di forte instabilità, dove l'offerta è fortemente superiore alla domanda, o dove il mercato è disomogeneo, il risultato atteso sarà definibile solo attraverso un insieme disarticolato di obiettivi e il suo conseguimento dipenderà dal livello di competenza e di iniziativa di ognuno dei membri dell'unità organizzativa.

Da questa più che sintetica descrizione deriva pertanto l'assioma per cui modelli di comportamento diversi necessitano di diversi modelli di guida. A sua volta il modello di guida è costituito da:

- quello che chiediamo alle persone, il modo di esprimere le attese (attività, comportamenti, risultati);
- la natura delle leve che utilizziamo per ottenere i comportamenti desiderati (potere normativo, influenza personale, identificazione negli obiettivi).

Lo schema procedurale è determinato dalle caratteristiche del contesto di business in una filiera elementare composta da:

- natura del risultato atteso;
- comportamenti richiesti;

- modello di guida;

- modalità di definizione delle attese;

- tipo di leve utilizzate.

Proviamo, per comprendere bene il senso della teoria e la sua necessaria applicazione pratica, a schematizzare i tre modelli, collegando:

- le modalità di ottenimento dei risultati (applicazione di norma, sforzo quantitativo guidato, iniziativa e competenza);

- il tipo di comportamento atteso dai collaboratori;

- il tipo di integrazione individuo/organizzazione;

- le leve utilizzabili per ottenere i comportamenti desiderati;

- i valori sviluppati da queste modalità gestionali.

Modello burocratico

Il risultato dipende dall'applicazione di norme:

- il comportamento atteso è conforme alle norme;

- l'integrazione è passiva;

- le leve utilizzate sono le norme;

- i valori sviluppati sono conformità alla norma, sicurezza, prevedibilità delle richieste.

Modello relazionale

Il risultato dipende da sforzo quantitativo diretto al mercato:

- il comportamento atteso è presenza, disponibilità, impegno;

- l'integrazione è passiva;

- le leve utilizzate sono potere e relazione del capo;

- i valori sviluppati sono fedeltà, appartenenza, identificazione con il capo.

Modello manageriale

Il risultato dipende da iniziativa e competenza individuale:

- il comportamento atteso è collaborazione attiva;

- l'integrazione è attiva;

- le leve utilizzate sono il risultato;

- i valori sviluppati sono autonomia, orientamento al risultato, prestazione individuale.

Nel modello burocratico si valuta la conformità alla regola. Nel modello relazionale si valuta l'impegno, il darsi da fare. Nel modello manageriale si valuta esclusivamente il risultato.

Nella nostra cultura, per motivi storici complessi che caratterizzano il mondo latino da quello anglosassone, si apprezza di più chi con il 100% di sforzo ottiene il 70% dei risultati rispetto a chi ottiene il 100% dei risultati con il 70% di sforzo. Perché? Perché il primo "ce l'ha messa tutta", il secondo "avrebbe potuto fare di più".

Questo testo rimanda al modello *manageriale* non perché sia il migliore in assoluto, ma perché il contesto di riferimento è caratterizzato da forte instabilità. Infatti si utilizza il modello manageriale quando:

- la definizione dei risultati attesi è complessa;
- il contesto richiede capacità continua di adattamento e una profonda condivisione sia degli obiettivi che delle strategie;
- la situazione rende fondamentale l'utilizzo di tutte le variabili operative e il capo opera sia monitoraggio che coaching continui.

SEGRETO n. 10: coinvolgere i collaboratori nei processi decisionali, sia strategici che operativi. Il coinvolgimento genera motivazione, la motivazione genera responsabilità.

RIEPILOGO DEL CAPITOLO 2:

- SEGRETO n. 6: Definire esattamente il contesto operativo in cui opera l'impresa per non perdere di vista i necessari adeguamenti organizzativi.

- SEGRETO n. 7: Valutare serenamente le possibilità competitive e le competenze necessarie per definire la propria capacità competitiva.

- SEGRETO n. 8: Individuare le competenze primarie dei collaboratori attribuendo compiti funzionali con i rispettivi talenti. Si riesce a fare bene solo ciò che si ama fare.

- SEGRETO n. 9: Attribuire ai collaboratori la capacità decisionale e discrezionale. Solo attribuendo responsabilità otteniamo collaboratori responsabili.

- SEGRETO n. 10: Coinvolgere i collaboratori nei processi decisionali, sia strategici che operativi. Il coinvolgimento genera motivazione, la motivazione genera responsabilità.

CAPITOLO 3:

Cosa si intende per team

Lo sviluppo logico che abbiamo seguito nelle pagine precedenti determina la chiave di lettura di questo capitolo. Se nel passato recente la struttura organizzativa era piramidale e il sistema di lavoro parcellizzato in unità produttive autonome, oggi e in prospettiva la struttura si presenta sempre più "quantistica" e il sistema basato sull'integrazione e interazione delle competenze. Operare in una logica di team working serve pertanto a:

- integrare e sviluppare lo scambio delle conoscenze e delle informazioni utili;

- cooperare e facilitare il mantenimento di un equilibrio efficace tra spinte alla differenziazione (caratteristiche della motivazione individuale) ed esigenze di integrazione (necessarie all'impresa).

Ne segue che rispetto alla tradizionale organizzazione individuale del lavoro, un team ricopre i seguenti vantaggi:

- sfrutta pienamente le idee e la motivazione di tutti i suoi membri;
- sfrutta nel modo migliore il tempo dei membri e del leader;
- genera incrementi di produttività e soddisfazione sia a livello individuale che di gruppo e di organizzazione.

Definita la funzione, è necessario chiarire con precisione di cosa si parla quando si indica un "team".

SEGRETO n. 11: definire con precisione il risultato che il team dovrà raggiungere, la tempistica necessaria e i costi operativi: per costruire il futuro bisogna prima saperlo immaginare.

Un team è il frutto di un impegno delle persone che agiscono individualmente e reciprocamente per delineare un percorso comune, per costruire un significato condiviso per l'impresa. Il team definisce l'appartenenza attraverso il sostegno reciproco tra i suoi membri.

Nel team i singoli acquisiscono modelli mentali comuni e un repertorio di conoscenze, linguaggi, azioni e stili condivisi mediante l'interazione reciproca. Un team quindi è una squadra che sa:

- condividere le informazioni per creare maggiore senso di fiducia e di responsabilità tra i partecipanti;

- definire limiti chiari entro i quali ciascuno è libero di agire in modo responsabile;

- sfruttare la capacità di autonomia gestionale per assumere decisioni di gruppo e conseguire risultati.

Il concetto fondamentale di team è dato da:

- un team esiste quando due o più individui definiscono se stessi come membri e quando la sua esistenza è riconosciuta da un terzo soggetto;

- il team è pertanto caratterizzato da senso di appartenenza condiviso dai membri, così come da un riconoscimento esterno.

Caratteristiche ulteriori sono:

- l'interazione tra i membri;

- la presenza di relazioni affettive;

- la percezione del gruppo come unità;

- la presenza di norme e ruoli peculiari.

SEGRETO n. 12: valutare esattamente le professionalità necessarie, le competenze tecniche e quelle relazionali per la realizzazione degli obiettivi del team: per preparare un buon piatto ci vogliono gli ingredienti giusti!

Come funziona un team?

In un mondo particolarmente teso all'individualismo, saper costruire un team (team building) e saperlo gestire (team working) dando ad ogni membro il giusto senso di appartenenza, la corretta carica motivazionale e l'orgoglio operativo (team training) è compito non sempre facile.

Per prima cosa è necessario domandarsi perché e a quali condizioni si sviluppano, definiscono e mantengono relazioni di interdipendenza tra i membri del team; perché si sviluppa un impegno condiviso per la definizione di un'impresa comune; perché si opera nel team seguendo non solo aspettative proprie ma anche, se non soprattutto, quelle del gruppo.

Altri elementi essenziali da prendere in considerazione sono:

- a quali obiettivi è destinato il team;

- quali caratteristiche personali, relazionali e motivazionali devono avere i membri del team;

- che tipo di team è più adeguato al raggiungimento dell'obiettivo.

Team diversi per compiti diversi

L'obiettivo da perseguire determina in misura essenziale la struttura e il modello organizzativo del team. Di seguito diamo un elenco sommario dei tipi di team maggiormente utilizzati, con indicazioni relative alla tipologia di compito a cui sono normalmente attribuiti.

Gruppo di lavoro stabile: si tratta di gruppi definiti dalle diverse funzioni organizzative all'interno dei quali sono presenti ruoli, compiti e mansioni specifici per ogni componente; li elenchiamo per indicare come questi gruppi non siano in realtà dei "team", ma semplici insiemi di collaboratori determinati e distinti da una categoria operativa specifica, come può essere il reparto amministrativo o quello commerciale, la logistica o la produzione. Il gruppo di lavoro stabile non risponde quasi mai alle caratteristiche peculiari del team working e delle logiche motivazionali che fanno capo al team working. La struttura grafica che meglio esprime l'organizzazione del "gruppo" è la ruota o la ipsilon (vedi figura a pag. 44).

Task force: si tratta di gruppi costruiti *ad hoc* per la realizzazione di uno specifico obiettivo e che si sciolgono una volta raggiunto; le task force sono state rese molto note dalla filmografia quando, per combattere un particolare nemico, esercito o polizia mette insieme una squadra di specialisti, ognuno dei quali particolarmente esperto in una specifica disciplina. Nel mondo produttivo le task force vengono organizzate sia per realizzare il prototipo di un nuovo prodotto, sia per elaborare strategie commerciali tese a incrementare le quote di mercato o la vendita di un prodotto in fase di declino. Frequentemente le task force integrano competenze diverse tra loro e altrettanto spesso non necessitano di un luogo di incontro fisico, ma possono operare anche in *conference call*, scambiandosi indicazioni, opinioni e pareri in modalità VoIP. Generalmente la task force ha durata breve e deve dimostrarsi molto efficace, non necessariamente efficiente. La struttura grafica che meglio rappresenta la task force è quella della ipsilon o del cerchio.

Team: i team sono composti da membri con alto livello di competenza professionale, a cui vengono affidati compiti particolarmente complessi. I team sono inoltre caratterizzati da una forte interdipendenza tra i membri. Normalmente vengono strutturati per identificare nuovi prodotti, nuove strategie commerciali, per esplorare nuovi o diversi mercati, per definire possibili strategie finanziarie o per un diverso posizionamento commerciale dell'impresa. Nella stragrande maggioranza dei casi sono coordinati da un team leader che ha funzioni di indirizzo e di controllo, sia riguardo al raggiungimento degli obiettivi preposti che al rispetto dei tempi operativi concordati. Diversamente dalla task force, il team è più attento all'efficienza che non all'efficacia del proprio intervento e dei processi che elabora per il raggiungimento degli obiettivi. La forma grafica e strutturale del team può essere una qualsiasi tra quelle elencate in figura (pag. 44): la scelta del modello strutturale dipende esclusivamente dalle caratteristiche degli obiettivi da raggiungere e dalle competenze professionali presenti all'interno del team, fermo restando che a un compito semplice corrisponde una struttura centralizzata (ruota, ipsilon) e che con l'aumentare della complessità dell'obiettivo incrementano anche le professionalità e le competenze in campo, unitamente all'autonomia decisionale che le stesse esprimono.

Team autogestiti: si tratta di team composti da soggetti estremamente professionali, conseguentemente caratterizzati da un'autonomia ancora maggiore nella gestione dei processi per il raggiungimento degli obiettivi. Non dispongono di un team leader ma i membri concordano tra loro, senza mediazioni, tempi, metodi e azioni. Generalmente la struttura grafica del team autogestito è quella del cerchio o della rete aperta.

Crew: in italiano "equipaggio", è un team specializzato in cui è richiesto un elevato livello di competenza nella gestione e utilizzo di strumenti e procedure, tanto che si può affermare che è la tecnologia che definisce ruoli e compiti dei membri a cui si richiedono conoscenze e competenze particolarmente complesse. La struttura del team è generalmente definita dalla rete aperta, anche se in casi specifici (ad esempio nella navigazione aerea) la ruota risulta la struttura più efficace e contemporaneamente efficiente.

SEGRETO n. 13: attribuire al team e ai singoli membri i criteri di autonomia e libertà di scambio informativo: più i compiti sono complessi, maggiore dovrà essere l'autonomia operativa.

Pur nelle diverse accezioni, tutti i team condividono il fatto che gli elementi di appartenenza e di riconoscimento esterno non sono automatici ma vanno costruiti nei processi e nelle dinamiche che si sviluppano nel particolare ambiente organizzativo in cui operano.

Ogni team, pertanto, risulta essere un gruppo strutturato e localizzato, un sistema organizzato di relazioni tra persone, mezzi e obiettivi che agiscono in un particolare ambiente organizzativo.

SEGRETO n. 14: attribuire l'incarico di team leader al membro del team a cui i membri attribuiscono maggiore autorevolezza. In un team l'autorità non serve ma l'autorevolezza è fondamentale.

Leavitt (1951) ha esaminato per primo l'efficienza delle reti di comunicazione mostrando come le reti maggiormente centralizzate (a ruota o Y) sono le più efficienti (vedi figura a pagina successiva). Shaw (1978) ha dimostrato che l'efficienza della rete di comunicazione non è solo in funzione del grado di centralità ma anche della difficoltà del compito: per compiti semplici l'efficienza è data da strutture centralizzate, nel caso di compiti complessi le reti più efficienti sono quelle decentrate: i tempi di risposta saranno più lunghi ma la qualità della decisione sarà migliore in quanto coinvolge tutte le professionalità e le competenze.

La dimensione fisica del team viene descritta visivamente nella figura sottostante. Nelle diverse forme la lettera "a" è sempre il team leader e, a seconda delle competenze dei membri, dell'obiettivo e del modello organizzativo prescelto, assume modalità e stili di leadership differenti e coerenti. Descriveremo più avanti gli stili di leadership più comunemente posti in essere. Per ora concentriamoci sulla forma che è rappresentativa della sostanza organizzativa del team.

SEGRETO n. 15: operare un check-up periodico sull'andamento del team: anche gli skipper migliori hanno bisogno della bussola per navigare e vincere.

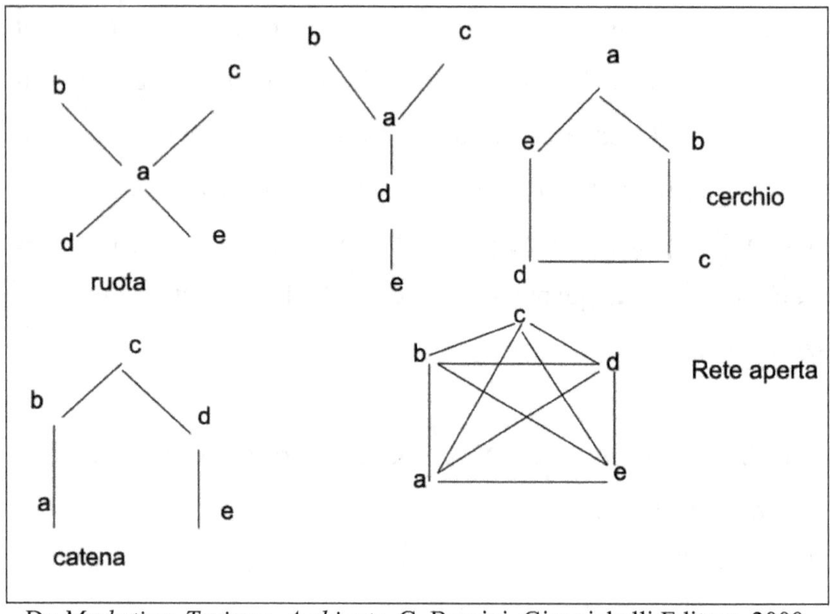

Da *Marketing, Turismo, Ambiente*, G. Borzini, Giappichelli Editore, 2000.

RIEPILOGO DEL CAPITOLO 3:

- SEGRETO n. 11: Definire con precisione il risultato che il team dovrà raggiungere, la tempistica necessaria e i costi operativi: per costruire il futuro bisogna prima saperlo immaginare.

- SEGRETO n. 12: Valutare esattamente le professionalità necessarie, le competenze tecniche e quelle relazionali per la realizzazione degli obiettivi del team: per preparare un buon piatto ci vogliono gli ingredienti giusti!

- SEGRETO n. 13: Attribuire al team e ai singoli membri i criteri di autonomia e libertà di scambio informativo: più i compiti sono complessi, maggiore dovrà essere l'autonomia operativa.

- SEGRETO n. 14: Attribuire l'incarico di team leader al membro del team a cui i membri attribuiscono maggiore autorevolezza. In un team l'autorità non serve ma l'autorevolezza è fondamentale.

- SEGRETO n. 15: Operare un check-up periodico sull'andamento del team: anche gli skipper migliori hanno bisogno della bussola per navigare e vincere.

CAPITOLO 4:

Come organizzarsi ai tempi del web

Seguendo la Safety Car

Stiamo seguendo la Safety Car nel Gran Premio dell'economia produttiva. Molti giri prima c'è stato un pauroso incidente: aspettiamo, pazientemente e impazienti, che la Safety Car torni ai box e la corsa riprenda, con tutte le sfide del caso. Ma cosa stiamo facendo per ripartire con più capacità competitiva di prima? Stiamo approfittando di questi laconici giri per fare il check-up dell'azienda, migliorare i processi, incrementare le competenze tecnologiche, riorganizzare il management in modo da competere sui mercati globali con prodotti più competitivi, prezzi più vantaggiosi, fornitori meno onerosi, distributori più efficaci e un'organizzazione più snella?

Le aziende che si sono maggiormente sviluppate hanno mostrato elementi e tratti comuni:

- miglioramento dei profitti;

- incremento delle quote di mercato;

- aumento dei ricavi.

Ovvero tre obiettivi legittimi, ognuno significativo di "crescita" ma reciprocamente incompatibili. La crisi che ormai attanaglia il mondo occidentale da oltre un decennio, con maggiore insistenza in Europa e nella sua fascia meridionale, ha avuto questi risultati:

- poco a che fare con la competenza;

- poco a che fare con la Finanza (la crisi finanziaria è stata il pretesto, non il motivo);

- molto a che fare con la creazione di nuovi mercati (immensi e divoratori di necessità) e l'uscita da mercati maturi, quando non in declino come quelli a natalità zero come l'Italia;

- quello che è accaduto è che a causa della crisi finanziaria il mondo produttivo ha deciso di operare in quei Paesi ad alta natalità, pieni di bisogni e aspettative, che chiamavamo PVS (Paesi in via di sviluppo).

La delocalizzazione industriale ha prodotto una nuova classe media, né più né meno che come da noi nel dopoguerra, una classe media che guadagna, manda i figli all'università, elabora nuove forme di welfare, consuma, consuma, consuma. I mercati a crescita zero o in denatalità, come l'Italia, sono stati abbandonati in quanto improduttivi, non sufficientemente remunerativi. Così ci siamo trovati a girare più o meno a vuoto, imprecando contro il destino bizzarro, un po' come un'auto da corsa che segue la Safety Car in gara.

Cosa possiamo fare, in vista della possibile ripartenza, o per lo meno per provare a ripartire, visto che forse la Safety Car è solamente una nave fantasma, una leggenda metropolitana? Sono così tanti anni che giriamo piano, senza vedere cosa succede là davanti, che non possiamo neppure essere certi che la Safety Car ci sia. Magari sono solo i primi che hanno deciso di andare piano... Bene, dicevo, cosa possiamo fare? Investire in tecnologia!

Da tempo sappiamo che colossi dell'industria utilizzano il web per cercare, identificare e trovare fornitori. Lanciano vere e proprie gare online e ottengono risultati di estremo interesse, in primo luogo nella riduzione dei costi, in secondo luogo nel determinare uniformità attraverso la centralizzazione degli acquisti, con ulteriori risparmi di scala.

Ma l'investimento in tecnologia significa anche e soprattutto razionalizzare, standardizzare e meccanizzare i processi di produzione. Elementi, questi, che consentono la riduzione dei costi, l'abbattimento dei prezzi, un diverso posizionamento nei mercati.

Pensate all'IKEA. Quando è approdata in Italia i mobilieri (tutti) ridevano o storcevano il naso. Da qualche anno a questa parte sembra che abbiano cambiato idea. I mobilieri, intendo. Prodotti dal design anche innovativo, seriali, componibili, di basso costo e di mass market. IKEA è stato in primo luogo un successo di "ideazione", poi tradotto in un sistema di organizzazione. Quanto fattura e con quanto personale? Quanta tecnologia utilizza nella presentazione e vendita dei suoi prodotti?

SEGRETO n. 16: abituarsi all'idea di una struttura liquida, e non rigida, dell'impresa. L'impresa, come l'acqua, assume la forma che il mercato le conferisce e non viceversa.

Organizzare il management

La dimensione, le competenze e l'orientamento (conservativo o esplorativo) del management dipendono da fattori diversi:

- lo stadio del ciclo di vita dell'impresa;
- lo stadio del ciclo di vita del mercato;
- lo stadio del ciclo di vita del prodotto.

È possibile, ad esempio, che nella medesima impresa operante su mercati diversi vi sia un management conservativo in un mercato maturo e uno esplorativo in un mercato in sviluppo. Con questo si vuole anche specificare che non è il management che fa il mercato, ma il mercato che determina il management. Allo stesso modo l'incrocio dei dati ciclici va posizionato per "linee di prodotto", individuando cosa è migliorabile, cosa è irrimediabilmente desueto e cosa manca per essere competitivi. In un'analisi del genere è estremamente improbabile che un management conservativo adotti le migliori decisioni.

Definire la dimensione

Dimensione non significa capitalizzazione. La sottocapitalizzazione è una malattia tipica ed endemica delle imprese italiane che a volte, anzi spesso, ne ha determinato un sottodimensionamento che comporta, a cascata, una serie di problematiche importanti: difficoltà nella competizione, partecipazione forzata a una nicchia di mercato, conflittualità sindacale, relazioni problematiche con le banche. Ma, ripeto, stiamo parlando di "dimensione".

Per affrontare un nuovo scenario competitivo di che struttura abbiamo o avremo bisogno? Sono sufficienti le nostre forze o dobbiamo ampliare il parco societario? Bastiamo con le nostre competenze o dobbiamo immaginare di acquisire o integrare imprese del nostro stesso settore? E in caso di Merging, come componiamo il Board? Qual è la dimensione minima di fatturato per essere competitivi sul nostro specifico business? Come dobbiamo riorganizzarci per disporre dell'ossatura adeguata? Chi nel management dispone delle necessarie competenze tecnologiche? Chi nel management sa essere così distaccato da descrivere con precisione il punto di incrocio dei cicli di vita di impresa/mercati/prodotti? Chi nel management è orientato alla conservazione e chi all'esplorazione? Chi ha la sufficiente leadership per assumere il governo innovando, modificando, trasformando? Chi è disposto a una modifica strutturale dell'organigramma dirigenziale?

Le domande, complesse per un'impresa composta da investitori e dotata di un management competente e distaccato, diventano davvero problematiche. Ma vanno affrontate. Prima o poi, più prima che poi, la Safety Car rientrerà nei box ma a quel punto – e questo è un argomento molto interessante – avremo un mercato demograficamente cambiato, profondamente mutato.

SEGRETO n. 17: il marketing diventa il modello di riferimento per l'organizzazione complessiva dell'impresa. L'impresa costruisce il proprio mercato definendo prodotti e servizi adeguati alla domanda.

Di quali prodotti e a quali condizioni avrà bisogno? Quali saranno gli orientamenti d'acquisto? Quali gli obiettivi? Quali le organizzazioni di acquisto? Già, perché nel marketing di una volta non c'erano soltanto l'analisi SWOT e le quattro P (prodotto, prezzo, posizionamento, promozione), ma anche le quattro O.

Definire la riorganizzazione significa aver capito esattamente – o in misura accettabile – la struttura demografica, sociale e culturale del prossimo decennio. Vogliamo capire meglio?

Guardiamo il ciclo di vita dei videogiochi, dei prodotti Sony (prima esplosi, poi in picchiata), dei prodotti Apple e Samsung (in crescita furiosa), delle sale cinematografiche e dell'intero home entertainment business; vi siete accorti che Blockbuster è fallito e i suoi spazi sono stati ceduti a Essere & Benessere? Bene. Avreste mai pensato di creare Facebook? E come mai ha raggiunto un miliardo di iscritti (trenta milioni in Italia)? Avreste mai ideato PayPal? Wikipedia? Google? Non parlo delle competenze specifiche, parlo delle idee. E adesso immaginate come sarà il mondo tra cinque anni, e agite di conseguenza. Perché cinque anni passano in un attimo, anche girando piano dietro la Safety Car.

Siamo nati in bianco e nero

Chi scrive è nato "in bianco e nero". Appartiene a una generazione cresciuta parallelamente alla televisione, insieme con la televisione. Televisione che era in bianco e nero, come lo erano i giornali e molti rotocalchi. Rotocalchi? Da quanto tempo non sentivate questa parola? Da quanto tempo non usate un macinino da caffè, comunissimo nella nostra infanzia? Da quanti anni non usate una cabina telefonica? Quando avete azionato per l'ultima volta il giradischi o il mangianastri?

Telefoni cellulari, iPod, iPad, palmari, ebook, YouTube, webcam, app, laptop, Facebook, Google, Pinterest, Twitter, Wikipedia, Pixel, non hanno solamente modificato il linguaggio, ma definito e strutturato:

- un nuovo modello di comunicazione;
- un diverso modello organizzativo;
- un insieme di comunità variegate e specifiche;
- poderose nicchie di interesse comune, trasversali e universali;
- la rapida disintermediazione dei processi di informazione e vendita;
- l'organizzazione della logistica;
- l'organizzazione dei sistemi di pagamento B2C;
- la qualità/quantità dell'informazione;
- la reperibilità delle informazioni;

- la quantità e la qualità delle relazioni personali;
- i costi di accesso, informazione, commercializzazione e vendita di servizi e prodotti;
- l'organizzazione del lavoro;
- gli skill e le competenze professionali degli addetti;
- le competenze estese di miliardi di individui.

Se quella a cui stiamo assistendo e che stiamo vivendo non è una vera rivoluzione sistemica, credo che il termine "rivoluzione" non abbia alcun senso. L'aumento della scolarizzazione, la reperibilità delle informazioni e la diffusione, ancorché confusa e caotica, dell'informazione tecnico-scientifica, hanno prodotto una capacità critica di massa capace di aggregare milioni di persone in varie parti del mondo sotto un unico slogan, per un'unica causa, a favore o contro un unico obiettivo.

Siamo nati in bianco e nero, cresciuti a colori e oggi siamo pixel trasmessi via satellite. Qualcosa è cambiato. Molto è cambiato. Tutto è cambiato. Così come nella selezione naturale, anche oggi vince e si sviluppa chi sa meglio adeguarsi al cambiamento, non il migliore ma il più capace di adeguarsi. La resistenza al cambiamento è mortale. La maggioranza delle imprese italiane ha tentato ostinatamente di resistere al cambiamento. Per questo (anche per questo) in Italia la crisi è più profonda che altrove.

Fenomeni significativi

Nel mondo produttivo e commerciale assistiamo ad alcuni fenomeni di estremo interesse:

- disintermediazione;
- delocalizzazione;
- destrutturazione.

La **disintermediazione** è il processo per cui il consumatore entra direttamente in contatto col produttore, saltando la filiera classica produttore – importatore – distributore – negoziante – cliente. Il processo viene definito B2C (Business to Consumer) e consente importanti riduzioni dei prezzi a favore del consumatore (o in alternativa migliori margini di profittabilità per il produttore).

Poco diversamente il processo definito B2B (Business to Business) consente alle imprese di lanciare "aste" per l'acquisizione di offerte dai fornitori, ottenendo ottimi risultati in termini di abbattimento dei costi e modalità/procedure contrattuali. Secondo le interviste rilasciate dal CEO di IBM, il colosso americano ha abbattuto i costi di fornitura di circa il 70%, grazie al B2B online.

La **delocalizzazione** consente di produrre al minor costo possibile in aree meno sviluppate del pianeta, riducendo i costi e sviluppando una nuova classe media locale, creando contestualmente nuovi mercati composti da centinaia di milioni di persone.

La **destrutturazione** rende non più necessari gli uffici. Consente di lavorare da casa o da un impianto mobile. Definisce l'opportunità di sviluppare team e gruppi di lavoro tra persone fisicamente distanti tra loro, che condividono documentazioni reperibili online, oltre a esperienze e competenze personali comunque intese.

Competenze online

Il fenomeno della destrutturazione non è stato ancora concretamente compreso in Italia. Abituati da secoli all'idea di *negotium* con sede permanente, al modello del "recarsi al lavoro", e alla consuetudine di "possedere" i mezzi di produzione, perdiamo di vista molte opportunità.

Molti specialisti sarebbero disponibili a collaborare con noi, ma risiedono altrove e i costi di viaggio e trasferimento sarebbero proibitivi. Le *conference call* su Skype sono una realtà semplice e gratuita. Non serve che il consulente sia presente, serve la sua partecipazione alla discussione, il suo coinvolgimento, la sua prestazione.

I sistemi *cloud* consentono di non essere proprietari di sistemi operativi, ma di disporre dell'accesso ai sistemi su piattaforme esterne, investendo meno, occupando meno spazi di memoria informatica e godendo ugualmente dell'operatività dei sistemi.

I documenti, anche quelli di grandi dimensioni, viaggiano *gratuitamente* da una casella di posta elettronica all'altra con sistemi di facile utilizzo come, ad esempio, www.wetransfer.com; la logistica è l'elemento essenziale del commercio: Amazon e eBay movimentano miliardi di dollari di scambi commerciali in cui l'assenza dei costi fissi (magazzino, negozio, addetti, luce e altro) e il posizionamento fiscale del venditore (con abbattimenti sensibili dell'IVA, per esempio) consentono di sviluppare sistemi di commercio elettronico B2C competitivo e redditizio. Insomma, la rete è una splendida riserva di caccia, anche di competenze e di capacità fruibili per costituire team di elevato livello professionale, capaci di orientare positivamente il futuro dell'impresa.

SEGRETO n. 18: investire in CRM (Customer Relationship Management) e in WBD (Web Behavior Data). La conoscenza del mercato e la relazione con esso sono gli elementi del successo.

Fruire, non possedere

Più di dieci anni fa l'amico Jeremy Rifkin, presidente della Foundation on Economic Trends di Washington, scrisse *L'era dell'accesso*, pubblicato in Italia da Mondadori, anticipando quanto stiamo osservando oggi, ovvero che non serve più possedere, ma è opportuno e necessario poter fruire delle cose (prodotti, servizi, sistemi che siano).

La strada tracciata è quella dei grandi contenitori di servizi in abbonamento, dove il cliente, individuo o impresa che sia, ha diritto a una serie di servizi che, acquistati singolarmente, potrebbero dimostrarsi eccessivamente onerosi o complessi nell'utilizzo, o troppo sofisticati rispetto ai propri sistemi informatici. Il futuro prossimo vede sempre più "abbonamenti e locazioni" di lungo periodo e sempre meno proprietà e titolarità.

Inoltre, l'incrementata rapidità del ciclo di vita dei prodotti e dei beni strumentali consente di sviluppare interessanti procedure finanziarie operando:

- sull'accesso al prodotto nella prima vendita (prodotto in fase di lancio con locazione o vendita rateale e restituzione/sostituzione del prodotto dopo il primo biennio);
- sulla vendita dell'usato (sui mercati secondari e nei PVS);
- col recupero del prodotto in fase di declino e il riutilizzo dei materiali per il rinnovo della produzione.

Tra i fenomeni più significativi, tuttavia, quello che avrà la ricaduta più significativa a breve è l'apprendimento a distanza, che sfrutta sia la delocalizzazione che la destrutturazione, rendendo sempre meno necessarie le "strutture" scolastiche e universitarie, ma sempre più importante il diritto di accesso al sapere. La dimensione di questo specifico cambiamento è a dir poco devastante, tanto che in tutto il mondo sindacati e associazioni di insegnanti insieme con rettori (magnifici e non) promuovono intense campagne dissuasive e ostative nei confronti dell'e-learning.

Peraltro: il sapere, come quasi ogni altro servizio o prodotto, è caratterizzato da un brand: sarebbe inevitabile, con lo sviluppo dell'apprendimento a distanza, un fenomeno a forbice con una forte domanda per i brand più affermati e un'altrettanto sostenuta domanda per i brand meno costosi, con la scomparsa delle vie di mezzo: un fenomeno che comporterebbe la sparizione di centinaia di atenei nel mondo.

Community e società

Un fenomeno corrente, di cui poco ancora si discute – in particolare in Italia – è quello di **community online**, dove persone di culture, appartenenze, origini, razze e lingue diverse approdano per condividere esperienze, ricerche, competenze, conoscenze, così come per offrire programmi gestionali, applicazioni, software funzionanti, funzionali e… talvolta gratuiti.

La rete ha portato alla luce e reso disponibili competenze esterne al sistema delle grandi imprese di software e ha permesso a milioni di persone di installare programmi gratuiti (ad esempio Linux e tutta la famiglia Ubuntu), o costringendo le major ad ampliare l'offerta di servizi e programmi presenti in default tra gli accessori inclusi nell'acquisto di un pacchetto (come ad esempio Windows Movie Maker nel pacchetto Vista, XP e W8).

Digitando la parola "community" su Google si ottengono 25.700.000.000 risultati (avete letto bene: venticinque miliardi e settecento milioni). Il che non sorprende molto se si pensa che il più noto sito porno del mondo ottiene quasi cinque miliardi di visite all'anno (4,8 miliardi per l'esattezza, fonte Google Analytics). Che dire poi di YouTube, su cui vengono caricate trentacinque ore di ripresa al minuto?

SEGRETO n. 19: abituarsi ad operare per segmentazioni e

sottoinsiemi nei social media, veri marketplace globali in cui operano un miliardo circa di potenziali clienti.

La fine della televisione e della carta stampata

I segnali di crisi della televisione sono evidenti a tutti. I grandi network hanno avviato processi di "targettizzazione" mirata dei nuovi canali digitali, tanto che l'impianto delle reti generaliste e dei rispettivi palinsesti viene configurato per un pubblico strutturalmente inadeguato all'utilizzo di Internet o fortemente resistente al cambiamento: in sostanza la televisione generalista è confinata a un pubblico di vecchi e bambini. Il cambiamento ha scosso alle fondamenta il sistema pubblicitario televisivo, mettendo in crisi tutti i sistemi, grandi e piccoli, non sovranazionali o internazionali. In pratica, solamente una dimensione "macro" consente a una rete televisiva la sopravvivenza economica.

Al contrario, nascono micro-web-stream-TV che producono videofilm, cortometraggi, sit-com (alcune esilaranti) con mezzi limitatissimi e significativi riscontri di pubblico. Stesso discorso per la carta stampata, dove è ancora importante la vendita di riviste sub-culturali, di gossip e paparazzi, mentre si configura in drammatico calo la vendita di quotidiani e periodici politico-culturali ormai abbondantemente "cliccati" nella versione online.

Per comprendere la dimensione del fenomeno del giornalismo e dell'editoria online è opportuno collegarsi al **sito** <u>www.world-newspapers.com</u>**, che offre una** sorprendentemente ampia (per quanto incompleta) galleria di edizioni online. Il nuovo "sistema" dell'informazione, intrattenimento e spettacolo, consente una vera rivoluzione sistemica che pone al centro delle cose la consapevolezza critica individuale.

Passando da un mondo dall'informazione concentrata a uno della conoscenza personalizzata, la consapevolezza individuale nella ricerca, verifica, analisi, cernita, scelta della fonte informativa diviene fondamentale. Ovviamente in questo ambito i guru del marketing si sprecano nell'affannarsi a validare o invalidare modelli di aggregazione e modalità di contatto, ma la nuova consapevolezza significa il passaggio da un'informazione passiva a una attiva, cosciente, volontaria.

Insomma, un nuovo fenomeno di partecipazione per nulla

semplice, all'atto, da valutare nei suoi risvolti e nelle ricadute sociali.

Nuove tecnologie e organizzazione

Si sono spesi miliardi di parole per commentare l'evoluzione e il cambiamento che la rete sta apportando al nostro modo di vivere, di pensare, di agire e di operare. Le nuove tecnologie hanno modificato:

- la struttura del nostro sapere;

- l'organizzazione della conoscenza;

- la funzione della nostra memoria;

- la gestione del nostro tempo;

- la potenzialità del nostro agire.

Grazie a loro oggi disponiamo di una poderosa intelligenza estesa. Provate a calcolare a mente 312 * 724. Praticamente impossibile. Fatelo aiutandovi con carta e penna. Carta e penna sono "intelligenza estesa".

Siamo consapevoli che tutto stia cambiando, eppure sembra che cerchiamo di ignorare quanto è accaduto negli ultimi anni, fingiamo di non capire quale direzione stia prendendo il mondo, continuando a pensare in termini... tardo ottocenteschi: posto fisso, radici nel territorio, appartenenza aziendale, carriera... Seguiamo le 3 M che furono matrici del boom degli anni '60: Moglie, Macchina, Mestiere. Peccato che le famiglie siano molto cambiate, i mestieri incerti e le macchine inquinanti e costose. Ci vuole un salto di mentalità.

Come abbiamo detto poco fa, con la globalizzazione dei mercati le imprese produttrici di beni materiali hanno delocalizzato negli ex PVS, creando una nuova classe media e agiata. Contestualmente le aree a cui sono state sottratte le industrie sono entrate in un processo di pesante recessione, con la classe media sempre più pressata verso il basso, in aree di disagio un tempo definite proletariato. Ma se la produzione di beni è altrove, qui da noi che lavoro si può fare?

Teniamo presente che il mondo digitale ha come primo obiettivo la disintermediazione: agenzie di viaggio, librerie, sportelli bancari e assicurativi sono nel mirino del sistema per essere sostituiti integralmente da servizi online. Risponditori telefonici intelligenti e sistemi esperti sostituiscono agevolmente personale umano: costano meno, non vanno in malattia, non si lamentano e ottengono buoni risultati. L'utente esperto sviluppa le procedure in precedenza eseguite dal personale assunto dall'impresa. Il fai-da-te online sembra essere conveniente.

Il commercio al dettaglio è compresso e stritolato dalla grande distribuzione organizzata e dal commercio elettronico, basti pensare a eBay o Amazon, con ben poche speranze di futuro. Resistono antichi mestieri e nobili professioni, in particolare quelle di medico, architetto, ingegnere, avvocato, farmacista e commercialista, anche se cambiano radicalmente prospettiva.

Gli ingegneri saranno sempre più sistemici, gli avvocati tuteleranno la proprietà intellettuale sulla rete, i commercialisti cercheranno di capire dove avvenga l'imposizione fiscale delle transazioni online, i medici saranno gerontologi e allergologi, gli architetti dovranno coniugare estetica ed energetica.

Scompaiono antichi mestieri: bancario, agente assicurativo,

agente di viaggio, commerciante, libraio, noleggiatore di video, ombrellaio, arrotino, cartellonista, stampatore, giornalista (ormai tradotto in blogger).

Alcuni si domandano: se gli occhiali includono il telefonino con il traduttore incorporato (che esiste!), che bisogno avremo di imparare le lingue straniere? Se la calcolatrice è sempre presente in ogni applicativo, perché sforzarsi a fare i conti? Se bastano due click per recuperare un dato o un'informazione, che senso ha studiare? Nel mondo del futuro non sarà essenziale sapere, ma sapere dove cercare. Per sapere dove-cercare-cosa bisognerà disporre di conoscenze di base importanti, di una cultura generalista solida, capace anche di distinguere nel mare magnum della rete le risposte esatte da quelle verosimili o sbagliate ma ben presentate che sono estremamente diffuse in rete, basti pensare a Wikipedia.

I *data miners* rappresenteranno una risorsa preziosa. I data miners saranno veri ricercatori nel mondo web, esperti nel digitare le domande utilizzando gli schemi mentali dell'intelligenza artificiale. Perché per ottenere risposte bisogna saper porre bene le domande. Anche ai computer. Nel commercio del futuro sarà fondamentale creare il mercato e aggregarlo in un social network. Il **digital marketing** è sia strategico che operativo. Al centro delle operatività pone le possibili nuove curiosità di un mercato potenziale, di nicchie trasversali, coerenti per mentalità, sottocultura e competenze, costruendo servizi e prodotti potenzialmente adeguati al target e creando il mercato di riferimento con aggregazioni successive e campagne di informazione determinate dai dati disaggregati dei social network o dei motori di ricerca. Col digital marketing non si "vende" più nulla: si posiziona tutto.

Nella comunicazione del futuro serviranno centoquaranta caratteri per volta, come su Twitter. La comunicazione si riduce all'essenziale. Troppe informazioni allontanano e confondono, soprattutto se i lettori non hanno sufficiente cultura critica. Affermazioni dirette, assertività, pronunciamenti: sono le modalità in cui il target è disposto a ricevere l'informazione. Quelli che cercheranno commenti e approfondimenti disporranno di siti adeguati e di blog settoriali.
SEGRETO n. 20: creare contenuti telegrafici, sintetici,

multisensoriali. Rivisitare il linguaggio della comunicazione aziendale. Utilizzare le immagini come se fossero articoli di fondo.

La fine del lavoro?

Non siamo affatto alla "fine del lavoro" come pronosticava Jeremy Rifkin nel suo celebre libro, ma siamo sicuramente a una svolta epocale in materia di:

- definizione del lavoro;
- organizzazione del lavoro;
- preparazione al lavoro.

Sembra che la macchina pubblica sia inadeguata a una rapida riorganizzazione sistemica, e la lentezza della burocrazia consente all'impresa privata di fornire nuovi strumenti, occupando spazi ricchi di opportunità, visibilità e vantaggi.

Ci si domanda se valga la pena mantenere operative le scuole così come le conosciamo, o se non sia preferibile, economicamente e con minor disagio ambientale, optare per la formazione a distanza. La stessa domanda vale per le organizzazioni lavorative, in cui i costi possono essere abbattuti favorendo il lavoro a distanza, svolto da casa con un semplice accesso digitale.

Cosa succede in rete?

Il 2012 ha visto, tra le altre cose, il raggiungimento del miliardo di utenti di Facebook, la crescita di oltre il 4000 % di Pinterest, l'esplosione di successo e vendite di un rapper coreano grazie a YouTube, di un romanziere USA che ha incassato oltre due milioni di dollari con i suoi ebook a un dollaro l'uno e c'è ancora qualcuno che dice che il web è una cosa per ragazzi.

L'era dei social network

L'Istituto Nielsen, probabilmente il più autorevole e storico istituto di ricerche di mercato, ha pubblicato un denso report analizzando il modello comportamentale dell'utente della rete, e in particolare l'organizzazione dell'utenza nei social network, titolando: «È iniziata l'era dei social network».

Mobile app e mobile web sono termini che fanno parte del linguaggio corrente e vanno gradualmente affiancando, per poi sostituire, l'utilizzo di dispostivi fissi (PC o laptop). Oltre due ore al giorno è il tempo utilizzato sui social media dal pubblico, un mercato di "big spenders" di età compresa tra i diciotto e i cinquantaquattro anni. Pinterest, il social media più rapidamente in crescita, ha un mercato composto da una maggioranza assoluta femminile (oltre l'80%), di età tra i venticinque e i cinquantacinque anni: big spenders, big buyers. Ma in Italia chi lo sa?

Vediamo insieme qualche dato evidenziato dalla ricerca Nielsen:
- il 26% degli utenti presta attenzione alle pubblicità inoltrate dagli "amici";
- il 26% degli utenti è favorevole a ricevere pubblicità di prodotti e servizi coerenti col proprio profilo;
- il 17% degli utenti si sente più vicino ai marchi che conosce e riconosce sui social network;
- il 14% degli utenti acquista prodotti pubblicizzati dopo aver visto la pubblicità;
- il 10% degli utenti acquista i prodotti promossi entrando nel sito del promotore;

- l'8% degli utenti acquista i prodotti promossi recandosi in un negozio tradizionale;

- il 18% degli utenti acquista immediatamente, d'impulso, utilizzando buoni sconto o offerte istantanee.

(Nielsen Global Survey of Social Media Usage – 2012)

Il mercato? È il mondo!

I social media hanno modificato l'organizzazione d'acquisto del mercato. Le opinioni, i pareri, i giudizi degli "amici" o di gruppi dal profilo omogeneo vengono tenuti in alta considerazione (53-75%). Computer, telefono cellulare, tablet, Internet TV sono i mezzi di riferimento; Asia, Medio Oriente, America Latina e USA sono, nell'ordine, i mercati più dinamici.

Tutto è vendibile, tutto è acquistabile: vestiti, scarpe, gioielli, elettrodomestici, prodotti alimentari e persino automobili hanno un appeal di acquisto superiore al 65% nei mercati principali. Ogni tipi di servizio è vendibile: viaggi, assicurazioni, prodotti finanziari, entertainment. Il mercato c'è! Dove sono i venditori?

RIEPILOGO DEL CAPITOLO 4:

- SEGRETO n. 16: Abituarsi all'idea di una struttura liquida, e non rigida, dell'impresa. L'impresa, come l'acqua, assume la forma che il mercato le conferisce e non viceversa.

- SEGRETO n. 17: Il marketing diventa il modello di riferimento per l'organizzazione complessiva dell'impresa. L'impresa costruisce il proprio mercato definendo prodotti e servizi adeguati alla domanda.

- SEGRETO n. 18: Investire in CRM (Customer Relationship Management) e in WBD (Web Behavior Data). La conoscenza del mercato e la relazione con esso sono gli elementi del successo.

- SEGRETO n. 19: Abituarsi ad operare per segmentazioni e sottoinsiemi nei social media, veri marketplace globali in cui operano un miliardo circa di potenziali clienti.

- SEGRETO n. 20: Creare contenuti telegrafici, sintetici, multisensoriali. Rivisitare il linguaggio della comunicazione aziendale. Utilizzare le immagini come se fossero articoli di fondo.

CAPITOLO 5:

Come costruire e lavorare in un team

Team building

Per costruire un team valido dobbiamo rispondere a queste quattro domande:

- I membri hanno uno scopo o una missione comune?
- Dispongono di processi operativi concordati?
- Condividono gli stessi principi operativi?
- Capiscono e rispettano la diversità del ruolo di ognuno?

Per collaborare efficacemente nel team i singoli devono essere capaci di comunicare in modo aperto e onesto, di convivere con le differenze, di risolvere i conflitti, di sublimare gli obiettivi personali a vantaggio del gruppo.

Ottimismo e cordialità sono determinati essenzialmente dalla struttura genetica di una persona e mediati dalla sua educazione o dal clima culturale che partecipa.

Se volete avere collaboratori gradevoli e disporre di team capaci di successo scartate i soggetti negativi, male integrati, che vedono il bicchiere sempre mezzo vuoto e traggono scarsa soddisfazione da qualsiasi lavoro. Inoltre va ricordato che le persone che si comportano da "buoni cittadini", che partecipano ad attività di volontariato, che hanno hobby "sociali", conseguono generalmente un livello di performance superiore ai *lupi solitari*.

Parametri di validazione per la partecipazione a un team sono pertanto riassumibili in:

- estroversione: cerchiamo soggetti aperti e socievoli, non riservati e timidi;
- gradevolezza: vogliamo elementi fiduciosi e collaborativi, non antagonisti e antipatici;
- coscienziosità: i membri del team saranno responsabili e organizzati, non inaffidabili e disorganizzati;
- stabilità: diamo spazio a persone calme e dotate di fiducia in se stesse, non ansiose e incerte;
- apertura: curiosi e creativi sono preferibili rispetto ai convenzionali.

Ovviamente non basta che le caratteristiche comportamentali risultino, almeno apparentemente, adeguate alla casistica. Nella costruzione di un team vanno tenute presenti altre caratteristiche operative e funzionali che riguardano la gestione dei compiti all'interno del team e il corretto equilibrio tra dinamiche apparentemente contrapposte ma tutte necessarie per il raggiungimento dell'obiettivo.

Dovremo quindi necessariamente analizzare alcuni aspetti organizzativi interni al team e definire la "membership" sulla base delle valutazioni conseguenti.

Ogni gruppo, quando si forma, sembra composto da persone uguali; tuttavia nel procedere del suo sviluppo alcune persone assumono comportamenti diversi, in parte riconducibili a tre ruoli di base comuni a tutti i tipi di gruppo:

- orientati al compito (tecnici);
- orientati al mantenimento (relazionali);
- orientati all'ostruzione (individuali).

Gli studiosi Gian Piero Quaglino, Sandra Casagrande e Anna Castellano (1992) hanno descritto quattro aree proprie del team, che lo identificano e ne tracciano i limiti di azione e di risultato e alle quali afferiscono determinati ruoli: l'area del presidio del risultato, l'area del presidio del lavoro, l'area del presidio delle relazioni e l'area del presidio della qualità del lavoro.

SEGRETO n. 21: individuare persone positive, estroverse, aperte, coscienziose e stabili. I "buoni cittadini" sono anche quelli che lavorano meglio in un team.

Come attribuire ruoli e funzioni nel team

Un primo elemento di valutazione e scrematura, per dare il giusto indirizzo al costituendo team, è definire se l'obiettivo del team ha caratteristiche connesse all'*efficacia* o all'*efficienza*. Un obiettivo tipico dell'efficacia è, ad esempio, come vendere rapidamente le scorte di magazzino realizzando i migliori ricavi possibili. Diversamente, un obiettivo connesso all'efficienza potrà essere come migliorare i processi di comunicazione post-vendita e di up-selling.

È importante notare, in questa fase, che i due concetti, efficacia ed efficienza, ben difficilmente viaggiano in parallelo, e che anzi tendono a escludersi vicendevolmente.

Per **efficacia in ambito aziendale** si intende la caratteristica di un intervento messo in atto da un operatore interno all'azienda stessa di raggiungere l'obiettivo specifico che si riproponeva con tale intervento. L'**efficienza** è la capacità di azione o di produzione con il minimo di scarto, di spesa, di risorse e di tempo impiegati. La differenza, quindi, è notevole e va rispettata.

SEGRETO n. 22: distinguere chiaramente tra efficacia ed efficienza. L'efficacia dell'azione del team sarà lo strumento per sviluppare l'efficienza dell'organizzazione complessiva.

Partendo dal lavoro di Quaglino, Casagrande e Castellano definiamo per ogni team quattro aree di "presidio" e due ruoli per singola area, per un totale di otto ruoli essenziali per il corretto equilibrio in un team operativo.

Area di presidio del risultato

In questo ambito troviamo gli elementi che garantiscono il raggiungimento degli obiettivi del gruppo. Per quanto riguarda i ruoli abbiamo il *conservatore* che raccoglie i dati determinando il campo del problema, e il *realizzatore* che è proiettato sui risultati, è attento ai tempi e contrasta l'inerzia del gruppo.

Area di presidio del lavoro

Questa area è definita dalla coesione del gruppo e in essa troviamo il *metodologo* che è attento all'uso degli strumenti e definisce i processi, e il *negoziatore* che si preoccupa di mantenere alta la partecipazione, di mediare e integrare i diversi punti di vista.

Area di presidio delle relazioni

L'accento è posto sulla qualità delle relazioni tra i membri del gruppo. In quest'area troviamo il *comunicatore* che si preoccupa dell'efficacia ed efficienza della comunicazione, ricapitola quanto emerso e agevola l'espressione delle idee, e il *facilitatore* che si preoccupa che tutti partecipino mantenendo un buon clima di gruppo.

Area di presidio della qualità del lavoro

L'attenzione è rivolta ai risultati del gruppo, affinché siano attribuibili agli sforzi di tutti e siano fonte di miglioramento per l'organizzazione. I ruoli in questa area sono l'*innovatore*, che sperimenta nuovi strumenti e metodologie, e il *creativo* che ribalta gli schemi tradizionali di ragionamento e suggerisce soluzioni apparentemente lontane da quelle abituali.

SEGRETO n. 23: individuare e sviluppare gli elementi in grado di stimolare e accrescere il senso di appartenenza al team, fornendo ai singoli motivazioni coerenti con le aspettative individuali.

Team working

Lavorare in un team è manifestamente diverso che lavorare da soli o far parte di un gruppo omogeneo di lavoro, ad esempio un settore aziendale, commerciale o amministrativo che sia. Far parte di un team implica fare proprie alcune regole su cui si basa la collaborazione fra gli appartenenti al team:

- in qualunque circostanza i membri del team si trattano con reciproco rispetto e dignità;

- i membri del team condividono pari responsabilità per gli esiti del lavoro;

- i membri del team dimostrano il rispetto per gli altri presentandosi puntuali alle riunioni, evitando il linguaggio offensivo e rispettando le differenze di opinione;

- i membri del team devono sentirsi a proprio agio.

Team working e gestione delle informazioni

Un altro elemento importante è il livello di coinvolgimento e di partecipazione dei membri del team: il fatto di poter scambiare informazioni con tutti i membri del team significa maggiore partecipazione e coinvolgimento in tutti i processi, cosa che è meno probabile nelle organizzazioni tradizionali.

Per soddisfare le richieste di miglioramento continuo delle performance è necessario modificare le modalità delle relazioni, il livello di responsabilità e il flusso informativo interno.

Il libero scambio delle informazioni stimola la partecipazione attiva alla soluzione dei problemi e produce crescita a livello di business; il concetto di team, infatti, ha come presupposto lo scambio delle informazioni necessarie per portare a termine con efficienza ed efficacia il compito.

Quando forniamo informazioni ai collaboratori e ai membri del team stabiliamo un accordo implicito di fiducia. Se poi trasmettiamo informazioni riservate comunichiamo implicitamente che stimiamo i riceventi e abbiamo fiducia nel loro senso di responsabilità.

Il team, conseguentemente, opera con maggiore efficacia perché al suo interno le informazioni circolano liberamente, in un clima di fiducia e di rispetto reciproco. Al contrario, riservandoci di fornire informazioni comunichiamo il messaggio opposto: mancanza di fiducia.

I componenti di un team in cui vige la fiducia reciproca sanno di essere protetti dal vincolo di fiducia che li unisce e per questo si sentono più liberi di mettere a disposizione dei colleghi informazioni riservate ma importanti per il successo del team.

Team working e fiducia

Nel capitolo precedente abbiamo usato più volte il termine "fiducia", un termine che nel clima classico e tradizionale aziendale italiano non è proprio il più manifestamente applicato...

D'altra parte stiamo anche parlando di una trasformazione culturale in corso, del passaggio da un modello burocratico o relazionale a un modello "manageriale", di apertura dei flussi di informazione aziendale, di gestione insiemistica e non verticistica della struttura organizzativa del lavoro, per cui non si vede perché non parlare anche di fiducia ed esplicitarne i termini e i contenuti.

La fiducia è alla base del lavoro in un team. In un team la prima disfunzione possibile è quella di non riuscire ad aprirsi reciprocamente e a capirsi. Ne risulta che uno degli elementi necessari del team working è l'analisi della capacità dei singoli a dare fiducia ai compagni di squadra e, per postilla, chi non è adatto, chi non sa aprirsi o non sa dare fiducia sta meglio fuori dal team che al suo interno, dove potrebbe risultare un agente distruttivo e non costruttivo.

Possiamo definire altre caratteristiche in modo meno articolato e più diretto:

- il lavoro di squadra comincia costruendo la fiducia;
- se non ci si fida l'uno dell'altro non si crea un team capace di raggiungere risultati validi;
- nel team non ci si nasconde dietro le spalle degli altri;
- non si ha paura di mostrare i propri errori, preoccupazioni e debolezze;
- non si temono rappresaglie;
- l'unico modo per farlo è superare l'esigenza individuale di "invulnerabilità";
- dimostrarsi vulnerabili, far conoscere i propri punti di debolezza agli altri membri, facilita l'integrazione e la sussidiarietà.

SEGRETO n. 24: essere trasparenti e sviluppare un clima di fiducia reciproca tra tutti i membri. La fiducia in un team è la condizione fondamentale del buon risultato.

Ego individuale ed Ego collettivo nel team working

In una società alienante e alienata, dove il solipsismo determinato dalla telematizzazione dei rapporti sociali è in costante crescita (un italiano su quattro avvia una relazione personale attraverso sistemi info-telematici!), dove la socializzazione del cinematografo viene sostituita dalla pay TV on-demand, l'esigenza di relazione, di appartenenza, di riconoscimento e di scambio rimane costante, anzi paradossalmente si sviluppa definendo l'area del lavoro come l'area primaria in cui si sviluppano, dopo la formazione scolastica, le modalità relazionali.

Alienazione da massificazione, ansie da scadenze, feticismo consumistico: possono essere risolti o fortemente mediati da coinvolgimento, partecipazione e motivazione, tutti elementi caratteristici del team working.

Il riconoscimento positivo della propria persona e delle proprie competenze da parte dei membri del team è l'elemento centrale dell'autostima. Il team quindi non è semplicemente un gruppo, ma un elemento dinamico per integrare e sviluppare conoscenze e informazioni nel rispetto delle diversità individuali e delle esigenze di integrazione organizzativa.

Stiamo quindi parlando di una modalità lavorativa che non solo produce migliori risultati pratici, in termini di business, ma offre la rara opportunità di favorire il miglioramento individuale, lo sviluppo personale e caratteriale dei collaboratori: un traguardo ambizioso per ogni impresa!

Che senso ha, allora, parlare di superamento dell'Ego individuale per il coinvolgimento in un "Ego collettivo", come quello che definisce l'appartenenza dei giocatori a una squadra sportiva, che li motiva a raggiungere il successo e la vittoria? E quali condizioni sono richieste alla libertà individuale per far parte di un'organizzazione vincente?

Per comprendere appieno il senso che attribuiamo al concetto di libertà e di limitazione riportiamo un esempio tipico della casistica comportamentale.

Alcuni ricercatori hanno condotto un gruppo di bambini in un campo aperto e li hanno invitati a giocare. I bambini sono rimasti vicini gli uni agli altri senza staccarsi dal gruppo.

Portati poi in un ampio campo recintato hanno invece utilizzato tutto lo spazio a loro disposizione, esplorando anche le zone più lontane all'interno del recinto. La libertà associata alle nuove responsabilità e al potere del gruppo va definita in modo chiaro. Diversamente si può creare una certa confusione.

Occorre stabilire dei limiti precisi così che tutti comprendano il grado di potere e di discrezionalità di cui dispongono e possano di conseguenza assumere decisioni valide e iniziative autonome. L'autonomia gestionale necessita di confini chiari che permettano di orientarsi e di agire senza timore di essere redarguiti. La definizione dei limiti ha lo scopo di creare senso di responsabilità e libertà di iniziativa, non quello di limitare l'azione.

L'Ego collettivo

La tendenza umana e comune dei membri di un team a cercare riconoscimenti individuali è la maggiore minaccia al buon funzionamento di un gruppo di lavoro. Ripetiamo: la tendenza è comune, diffusa e umana, soprattutto in un paese come il nostro in cui l'anelito alla considerazione individuale e al riconoscimento da parte del "capo", anelito connesso alla gestione relazionale dell'organizzazione, è estremamente diffuso. A farne le spese sono i risultati collettivi come pure la qualità delle relazioni interne al team.

È del tutto evidente che l'Ego individuale deve essere vivace anche all'interno delle operazioni di gruppo. Il trucco è rendere l'Ego collettivo più forte, più importante e più grande di quelli individuali. A prescindere da quanto un individuo del team possa essere soddisfatto, se il team perde perdono tutti.

Notoriamente in ambito sportivo l'Ego degli atleti è legato a un unico obiettivo: vincere. Nella maggior parte degli sport di squadra c'è un punteggio finale che determina se ce l'hai fatta o no, chi ha vinto e chi ha perso. Il risultato è netto, non lascia spazio a rivisitazioni. Se si vince la squadra ha vinto e si può anche celiare sulle specifiche capacità espresse, sulle eccellenze dimostrate. Ma se si è perso, si è perso. La squadra ha perso e si passa dalla possibile celia positiva alla recriminazione, all'accusa, al risentimento, che minano il senso del collettivo, la motivazione dell'appartenenza al team.

Nello sport, nel risultato sportivo, non c'è spazio per l'ambiguità, non c'è spazio per il risultato soggettivo, suscettibile di interpretazione. Le squadre che lo capiscono vincono perché la maggior parte dei loro concorrenti sono solo un insieme di individui che pensano a se stessi.

Mutatis mutandis, in ambito lavorativo concentrarsi sui risultati invece che sul riconoscimento individuale significa che ogni membro del team deve fare proprio un insieme di obiettivi e utilizzarli realmente per prendere le decisioni collettive su base quotidiana. Tra gli elementi essenziali dell'agire quotidiano la fiducia risulta essere una *conditio sine qua non*.

Quale potrebbe essere l'inconveniente pratico per un team in cui manchi la fiducia reciproca? L'inefficienza, certamente, ma non basta.

Fiducia e conflitto costruttivo
Se non ci fidiamo gli uni degli altri ci limiteremo a preservare un clima di armonia artificiale, evitando di attaccare per non essere attaccati.

La *paura del conflitto costruttivo* è devastante. Spesso nel nostro lavoro di formatori e coach incontriamo ambienti lavorativi tesi e privi di conflitto costruttivo. La mancanza di conflitto costruttivo tra membri di un team è un problema reale. L'armonia in un team operativo è positiva se risulta dallo sviscerare costantemente i problemi e dall'esprimere compiutamente le conflittualità, ovviamente mantenendo il rispetto e il riconoscimento reciproci.

Se al contrario l'armonia apparente risulta dal tenere per sé le proprie opinioni e preoccupazioni legittime, allora quel genere di armonia è un elemento negativo. Come interviene la mancanza di conflitto costruttivo nell'impegno operativo che viene richiesto ad ogni membro partecipante il team?

La mancanza di impegno in un progetto, ad esempio, deriva generalmente dall'assenza di conflitto. In pratica il collaboratore matura un retro pensiero che dice: «Se non posso fare ascoltare e discutere le mie posizioni difficilmente condividerò il progetto, ne sposerò i valori, farò mie le decisioni assunte dal gruppo».

Se le persone non danno voce alla proprie opinioni e non si sentono ascoltate non saranno realmente collaborative, l'esperienza quotidiana ce lo conferma in ogni situazione. Se tutti sono davvero d'accordo su qualcosa e il consenso emerge velocemente e spontaneamente esistono due possibilità: o il consenso è davvero reale – il che è molto raro – o del progetto non interessa nulla a nessuno, e tutti non vedono l'ora di tornare alle loro faccende, il che è più frequente.

Il consenso, quasi sempre, è un tentativo per accontentare tutti che si trasforma nello scontentare tutti, è un compromesso raggiunto senza negoziazione, senza mediazione, senza discussione. Scopriamo invece che in un team, una volta raggiunta la fiducia, la chiarezza, l'adesione al progetto, i membri si ritengono reciprocamente responsabili per quello che si sono impegnati a fare, per gli obiettivi che si sono impegnati a raggiungere.

Va da sé che esprimere il dissenso, manifestare la contrarietà a un'idea, a una formulazione, a un'ipotesi proposta da un collega non è quasi mai cosa semplice, anzi la maggior parte dei collaboratori odia esprimere il dissenso per evitare disagi interpersonali e, soprattutto, per allontanare la possibilità che in una futura occasione possa toccare a lui la parte del soggetto esposto alla critica.

Quante volte sappiamo che dovremmo richiamare un collega per qualcosa di importante e decidiamo di lasciare perdere, di sopportare per evitare il disagio interpersonale? La questione riguarda essenzialmente i colleghi di pari grado: riprendere e richiamare i subordinati è molto più facile.

Il problema dei rapporti tra pari grado è certamente una delle cose che rendono difficile l'assunzione delle responsabilità in un team. Se le persone non si ritengono rispettivamente responsabili non si riterranno esplicitamente impegnate in un progetto. Ma se non impariamo a impegnarci in un conflitto costruttivo il *team working* non ha senso.

SEGRETO n. 25: non temere il conflitto costruttivo e preferire il conflitto al consenso determinato dall'indifferenza. Utilizzare le riunioni periodiche per stimolare e gestire il conflitto costruttivo.

RIEPILOGO DEL CAPITOLO 5:

- SEGRETO n. 21: Individuare persone positive, estroverse, aperte, coscienziose e stabili. I "buoni cittadini" sono anche quelli che lavorano meglio in un team.

- SEGRETO n. 22: Distinguere chiaramente tra efficacia ed efficienza. L'efficacia dell'azione del team sarà lo strumento per sviluppare l'efficienza dell'organizzazione complessiva.

- SEGRETO n. 23: Individuare e sviluppare gli elementi in grado di stimolare e accrescere il senso di appartenenza al team, fornendo ai singoli motivazioni coerenti con le aspettative individuali.

- SEGRETO n. 24: Essere trasparenti e sviluppare un clima di fiducia reciproca tra tutti i membri. La fiducia in un team è la condizione fondamentale del buon risultato.

- SEGRETO n. 25: Non temere il conflitto costruttivo e preferire il conflitto al consenso determinato dall'indifferenza. Utilizzare le riunioni periodiche per stimolare e gestire il conflitto costruttivo.

CAPITOLO 6:

Come motivare un team

Abbiamo scelto i membri del nostro team, ne abbiamo sviscerato le caratteristiche esiziali, le qualità, le doti, le competenze, i ruoli che assumeranno all'interno del team. Abbiamo definito la struttura operativa del team, i limiti, il raggio d'azione, gli obiettivi, le finalità, le tempistiche, gli strumenti di verifica e controllo, le modalità relazionali, il flusso dei dati e delle informazioni.

Abbiamo definito il modello per esprimere correttamente il dissenso e il conflitto costruttivo. Abbiamo instaurato un clima di reciproca fiducia, la voglia di competere e di vincere insieme, il desiderio di anteporre alle proprie aspirazioni individuali l'affermazione e il successo positivo del team.

Bene. Siamo stati bravi. Ma non basta. Adesso che il team è al lavoro dobbiamo saper mantenere alta la tensione individuando tutti gli elementi coerenti con la motivazione del team in quanto organizzazione e dei singoli membri in quanto persone. Per riuscire nell'intento facciamo ricorso alla dinamica di gruppo che è argomento particolarmente praticato in psicologia comportamentale.

Gerarchia dei bisogni e intelligenza emotiva

Il riconoscimento positivo della propria persona e delle proprie competenze da parte dei membri del team è l'elemento centrale dell'autostima. Il team non è semplicemente un gruppo, ma un elemento dinamico per integrare e sviluppare conoscenze e informazioni nel rispetto delle diversità individuali e delle esigenze di integrazione organizzativa.

Oggi sembra persino banale, ma si dovette aspettare fino al 1954 perché uno psicologo, Abraham Maslow, disegnasse la piramide dei bisogni, scoprendo che sicurezza, appartenenza e affetto sono essenziali, al punto da influenzare tutto il sistema della comunicazione pubblicitaria e delle relazioni sociali, incluse, a maggior ragione, quelle lavorative.

La piramide dei bisogni di Maslow (1954)

Secondo Max Weber, sociologo che individuò e descrisse con precisione la relazione tra l'etica generale e le dinamiche del lavoro nel volume *L'etica protestante e lo spirito del capitalismo*, le istituzioni durature non prosperano per il carisma di un leader ma perché coltivano la leadership all'interno del sistema. Spetta a noi, quindi, sostenere i collaboratori e coltivare tra di loro la leadership possibile.

SEGRETO n. 26: ricordare che sicurezza, appartenenza e affetto sono gli elementi centrali dell'individuo sociale. La leadership è figlia dell'appartenenza e della stima altrui.

Intelligenza emotiva

L'intelligenza emotiva è la capacità di percepire, identificare e riconoscere i sentimenti propri e altrui in maniera precisa nel momento stesso in cui sorgono. È anche la capacità di auto-motivarsi e gestire le proprie emozioni in modo costruttivo.

Un leader non è tale se non dispone di intelligenza emotiva: al massimo è un capo…

Partiamo da due elementi essenziali per comprendere l'utilità operativa della gestione dell'intelligenza emotiva:

- ogni membro di un gruppo è in grado di influenzare le emozioni degli altri membri;
- se lo stato emotivo del gruppo è orientato verso l'entusiasmo la qualità delle prestazioni sarà ottimale, mentre se saranno attivati meccanismi di ansia e rancore il risultato sarà un generale disorientamento.

Se concordiamo su queste due affermazioni possiamo procedere speditamente a fare in modo di acquisire le necessarie competenze in intelligenza emotiva, che rappresentano il vero vantaggio competitivo dei manager di nuova generazione e dei team leader. L'intelligenza emotiva dispone di quattro dimensioni:

1. Consapevolezza di sé, che include:

- competenze personali;
- consapevolezza del proprio stato emotivo, ovvero saper leggere le proprie emozioni e riconoscerne l'impatto;
- accurata valutazione dei propri punti di forza e dei limiti;
- fiducia in se stessi: sana consapevolezza del proprio valore e delle proprie capacità.

Essere consapevoli di sé significa possedere una profonda comprensione delle proprie emozioni, delle doti e dei limiti distintivi della propria personalità. Gli individui consapevoli sono realistici, non eccessivamente autocritici né ingenuamente ottimisti. Si rivelano giudici imparziali di se stessi, sinceri nell'immagine di sé e capaci di ridere delle proprie debolezze e manie.

2. Gestione di sé, che include:

- gestione delle proprie emozioni;

- trasparenza, ovvero capacità di ispirare fiducia;

- adattabilità;

- orientamento al risultato;

- spirito di iniziativa;

- ottimismo.

3. Consapevolezza sociale, che include:

- empatia: percepire le emozioni degli altri;

- consapevolezza dell'organizzazione;

- orientamento al prossimo, riconoscendo e soddisfacendo le esigenze degli altri.

4. Gestione dei rapporti interpersonali, che comprende:

- leadership ispiratrice: saper guidare e motivare gli altri con un ideale coinvolgente;

- influenza: attuare tattiche di persuasione;

- sviluppo delle potenzialità altrui;

- favorire il cambiamento con criteri innovativi;

- gestire i conflitti;

- creare legami;
- creare e cooperare con gruppi di lavoro.

La consapevolezza di sé favorisce sia l'empatia che la gestione di sé e questi due elementi consentono un'efficace gestione dei rapporti interpersonali. La leadership si fonda sulla consapevolezza di sé.

È importantissimo notare che secondo le ricerche operate da McClelland e da Spencer in organizzazioni internazionali di cinquantasei paesi del mondo gli unici punti di forza esclusivi dei leader di successo sono le competenze di intelligenza emotiva e non le conoscenze tecniche. In particolare risultano essenziali la motivazione a conseguire risultati, la capacità di prendere iniziative, l'inclinazione al lavoro di gruppo, la capacità di guidare gruppi.

Il team leader e le sue competenze

Nel sistema di lavoro in modalità team il fulcro delle attività è il supervisore o *team leader*: ogni membro del gruppo riceve un compito dal team leader e deve portarlo a termine con successo.

È il team leader che definisce gli obiettivi, pianifica il lavoro, decide gli incarichi, assume le decisioni e risolve i conflitti. Nei casi più estremi e negativi i membri del team eseguono semplicemente quanto viene loro richiesto, limitando l'impiego delle conoscenze e delle esperienze, con risultati limitati, privi di motivazione e, presumibilmente, senza un team leader in grado di dare i corretti stimoli.

SEGRETO n. 27: sviluppare la consapevolezza di sé e delle competenze dei propri collaboratori è una delle caratteristiche relazionali fondamentali del team leader.

Compito fondamentale del leader, per essere in grado di orientare positivamente il team, è quello di orientare le emozioni del proprio gruppo nella giusta direzione. La stabilità emotiva dipende dalle relazioni con gli altri: i leader che diffondono stati d'animo negativi rappresentano un handicap per l'azienda mentre coloro che suscitano sentimenti positivi possono favorirne il successo. Alcuni manager orientano i propri gruppi verso emozioni di delusione, rabbia, risentimento e rancore inviando messaggi inutilmente angoscianti. La sofferenza collettiva che ne risulta diventa la principale preoccupazione del gruppo distraendolo dall'azione e rendendo insicuri i collaboratori. Albert Einstein affermava: «Dobbiamo fare attenzione a non fare dell'intelletto il nostro Dio. L'intelletto ha muscoli possenti ma non ha personalità. Non può comandare, può solo servire». In sostanza la leadership si realizza con la fusione di cuore, mente, intelletto ed emozioni.

La motivazione dei collaboratori

Parlando di motivazione è necessario fare una premessa: la leva del denaro o del "premio" è un eccellente incentivo, ma non è affatto un elemento capace di motivare. Motivare significa mettere in parallelo le aspirazioni individuali profonde con le esigenze organizzative. Partecipazione, condivisione, responsabilizzazione, riconoscimento, autostima e motivazione sono un percorso comune.

Una ricerca condotta su settanta gruppi di lavoro in settori diversi ha dimostrato che i partecipanti alla stessa riunione finivano per condividere il medesimo stato d'animo nel giro di due ore. Il che dimostra che lo stato d'animo è un vero e proprio "contagio emotivo". È importante anche definire la differenza, importante e concreta, tra ciò che definiamo emozioni e gli stati d'animo: le emozioni possono essere molto intense e transitorie e a volte rappresentano un disturbo nell'attività lavorativa, mentre gli stati d'animo sono meno intensi ma più durevoli. Emozioni e stati d'animo influenzano consistentemente i risultati lavorativi.

Sembra superfluo dover affermare che ogni persona è più contenta se svolge un lavoro in sintonia con la sua propria personalità, ma frequentemente nella nostra attività di consulenza abbiamo incontrato dipendenti e collaboratori, a tutti i livelli della gerarchia, scarsamente motivati.

Se i dipendenti non sono motivati è opportuno rivedere le pratiche organizzative, i processi operativi, i sistemi autorizzativi. Se non altro si dimostrerà attenzione alle esigenze dei collaboratori, il che spesso si rivela essere una eccellente leva motivazionale. L'elemento di maggiore motivazione? Il riconoscimento individuale.

SEGRETO n. 28: mettere in parallelo le aspirazioni individuali con le esigenze organizzative del team. Tutti sono più produttivi se svolgono un lavoro in sintonia con la propria personalità.

Trasformare il lavoro in un'esperienza gratificante

L'idea generale che si ha del lavoro è di necessità e di alienazione. Ma ogni lavoro, anche il più faticoso, può essere interpretato come un'esperienza gratificante. Crescere insieme al gruppo, sentirsi ed essere apprezzato dal gruppo fa la differenza.

SEGRETO n. 29: trasformare il lavoro da necessità a volte alienante in un'esperienza gratificante. Crescere, migliorare, sentirsi parte di qualcosa di superiore, tutto questo è motivazione.

Trasformare la competizione in sussidiarietà

In un team non ci sono rivalità. Non si compete per primeggiare perché ogni vittoria e ogni sconfitta sono *di tutti*. Nel team work le differenze sono una risorsa, le divergenze ben mediate rappresentano un'opportunità.

Rendere un team armonico

Nel primi anni del '900 e fino al secondo dopoguerra alcune teorie insegnavano che i lavoratori non sono disposti ad assumersi responsabilità e che se lasciati senza leader sprecano il tempo a loro vantaggio. Il leader, quindi, era tenuto a esercitare uno stretto controllo sui subordinati senza delegare alcuna responsabilità. Le cose, per fortuna, sono molto cambiate e nel sistema manageriale che suggeriamo esiste un concreto trasferimento del potere decisionale verso l'area operativa a cui vengono delegate alcune decisioni: questo consente di esaltare il ruolo dei collaboratori e di liberare il tempo del leader. Il tempo liberato consente di:

- pianificare il lavoro;
- risolvere i problemi che ostacolano il lavoro del gruppo;
- dedicarsi al coaching;
- ridurre il turnover;
- liberare energie creative nei sottoposti;
- acquisire nuove competenze aggiungendo valore al lavoro del team.

In questo corso abbiamo affrontato situazioni differenti che esigono modalità competitive diverse: situazioni di mercato soggette o meno a instabilità, modalità gestionali di stampo burocratico o relazionale, delocalizzazioni, fusioni e acquisizioni, revisioni sistemiche dei processi decisionali, creazione di team dalla diversa struttura e performance attesa e così via.

Appare quindi chiaro che il leader, e nel particolare il team-leader, debba saper assumere sfaccettature e modalità operative e funzionali differenti a seconda del diverso contesto aziendale, della particolare contingenza, delle attese da parte dell'impresa e delle risposte prevedibili, motivazionali e caratteriali oltre che funzionali, da parte dei propri collaboratori.

SEGRETO n. 30: esaltare il ruolo dei collaboratori e liberare il tempo del team leader. Le competenze relazionali sono le uniche veramente essenziali per essere un buon leader.

Sei stili di leadership

Avviandoci alla conclusione di questo corso ci permettiamo di elencare sei stili di leadership che trovano applicazione e ambito in momenti aziendali, in contingenze e in contesti differenti.

1. Visionario

- crea risonanza spingendo le persone verso un ideale comune;

- è strenuamente positivo;

- questo stile si utilizza quando i cambiamenti in corso richiedono una nuova prospettiva (ad esempio a causa della globalizzazione dei mercati).

2. Coach

- crea risonanza stabilendo un collegamento fra le aspirazioni del singolo e gli obiettivi dell'organizzazione, per integrare la motivazione individuale rispetto agli obiettivi aziendali;

- questo stile si adotta preferibilmente per aiutare un collaboratore a migliorare le proprie prestazioni costruendo competenze durature.

3. Affiliativo

- crea risonanza realizzando armonia e favorendo le relazioni interpersonali;

- questo stile si adotta per saldare fratture in un gruppo, per creare motivazione in momenti di forte tensione o per rafforzare i legami tra le persone.

4. Democratico

- valorizza l'apporto dei singoli e crea coinvolgimento attraverso la partecipazione ai momenti decisionali;
- si adotta per costruire un riscontro o un consenso o per ottenere preziosi spunti dai collaboratori.

5. Battistrada

- crea risonanza ottenendo obiettivi stimolanti ed entusiasmanti;
- si tratta di uno stile valido per ottenere risultati di qualità da un gruppo motivato e competente;
- è necessario osservare che, se applicato in modo maldestro, questo stile ha un impatto fortemente negativo sul clima aziendale.

6. Autoritario

- crea risonanza dando direttive chiare in situazioni di emergenza, placando eventuali timori, presentandosi come il garante della sicurezza per tutti i collaboratori;
- si adotta in periodi di crisi per dare il via a una svolta o affrontare i collaboratori problematici;

- se applicato in modo maldestro questo stile ha un impatto fortemente negativo sul clima aziendale.

In ogni caso, qualsiasi stile di leadership adottiate, vi sono elementi comuni a tutti gli stili e a tutti i leader che possiamo riassumere come segue: avere un atteggiamento aperto, essere leali, manifestare i sentimenti, dire la verità, essere coerenti, mantenere le promesse, essere discreti.

RIEPILOGO DEL CAPITOLO 6:

- SEGRETO n. 26: Ricordare che sicurezza, appartenenza e affetto sono gli elementi centrali dell'individuo sociale. La leadership è figlia dell'appartenenza e della stima altrui.

- SEGRETO n. 27: Sviluppare la consapevolezza di sé e delle competenze dei propri collaboratori è una delle caratteristiche relazionali fondamentali del team leader.

- SEGRETO n. 28: Mettere in parallelo le aspirazioni individuali con le esigenze organizzative del team. Tutti sono più produttivi se svolgono un lavoro in sintonia con la propria personalità.

- SEGRETO n. 29: Trasformare il lavoro da necessità a volte alienante in un'esperienza gratificante. Crescere, migliorare, sentirsi parte di qualcosa di superiore, tutto questo è motivazione.

- SEGRETO n. 30: Esaltare il ruolo dei collaboratori e liberare il tempo del team leader. Le competenze relazionali sono le uniche veramente essenziali per essere un buon leader.

Conclusione

Una celebre vignetta di Charles Schulz rappresenta Snoopy che scrive: «A volte voltare pagina non basta, bisogna proprio cambiare libro!»

Vi sono imprese che affrontano le turbolenze del mercato con risultati diversi, a volte per caratteristiche di prodotto, più frequentemente per competenze e qualità manageriali, competenze e qualità che diventano patrimonio comune e si riverberano nello stile aziendale, uno stile adottato da tutti i collaboratori.

L'esperienza di chi scrive è maturata in ambiti molto differenti, dal trasporto aereo all'hotellerie, dalla negoziazione di grandi opere alla creazione e gestione di reti di vendita in franchising. In tutti gli ambienti non caratterizzati dall'elemento burocratico, ovvero in tutte le imprese commerciali e private, abbiamo osservato come il criterio della collegialità decisionale, dell'attribuzione di competenze e incarichi differenti ai collaboratori, della trasparenza, fossero elementi di grande motivazione, di grande coesione tra collaboratori e tra loro e il management.

In tutte le organizzazioni abbiamo portato un po' di team-management, facendo nostre le esigenze di tutti, dell'impresa e dei collaboratori, orientando le motivazioni individuali a fianco di quelle aziendali, aggregando processi e uniformando modelli operativi. E abbiamo avuto buoni risultati.

Naturalmente è complicato spiegare tutto, bene ed esaustivamente in un corso di meno di cento pagine, per cui se quanto avete appreso vi sembra poco continuate a esercitare un metodo relazionale o burocratico come magari avete fatto negli ultimi vent'anni, poi misuratevi con i risultati.

Per inciso abbiamo frequentemente osservato che spesso vent'anni di esperienza equivalgono a un anno della stessa esperienza ripetuta venti volte.

Vi sono alcuni leader senza esperienza che hanno avuto successi straordinari e molti leader con una lunga esperienza che hanno clamorosamente fallito. Anche questo è un elemento su cui riflettere un poco.

Gilberto Borzini